LA HISTORIA DE LOS MUNDIALES ILUSTRADA

FÚTBOL COPA DEL MUNDO

1930–2026

Wonder House

LA HISTORIA DE LOS MUNDIALES ILUSTRADA

FÚTBOL COPA DEL MUNDO 1930–2026

-ACZEL-

Wonder House

CAMPEON ARGENTINA, DEFIENDE SU TITULO

ÍNDICE

1930 URUGUAY

URUGUAY (IZQUIERDA) Y ARGENTINA SON CONDUCIDOS AL CAMPO DE JUEGO POR SUS CAPITANES JOSÉ NASAZZI Y MANUEL FERREIRA

1930 URUGUAY

Armas confiscadas, ráfagas de nieve y un bote para escapar. Desde el punto de vista actual, el primer Mundial de fútbol tiene mucho de aventura, en parte porque del torneo en Uruguay (del 13 al 30 de julio) participaron sólo 13 equipos. Los sudamericanos, al ser los primeros profesionales que jugaban por dinero, eran tratados con desprecio por sus oponentes europeos, que tenían una mentalidad inspirada en el espíritu olímpico.

Pero justamente el equipo nacional uruguayo exhibió un fútbol del más alto nivel en los Juegos Olímpicos de 1924 y 1928, viéndose recompensados en ambas oportunidades con medallas de oro.

La FIFA, fundada en 1904, eligió Montevideo como sede en homenaje al centenario uruguayo y al prestigio ganado por los charrúas. Fue la única Copa del Mundo en donde los países clasificaron sin Eliminatorias. Siete equipos de América Latina se presentaron al evento además del anfitrión: Argentina, el campeón sudamericano, Bolivia, Perú,

A BORDO DEL S.S. CONTE VERDE SE ENCONTRABAN JULES RIMET, LA COPA, TRES ÁRBITROS Y TRES EQUIPOS EUROPEOS. LOS BRASILEÑOS ABORDARON EL BARCO EN RIO DE JANEIRO

EL PRESIDENTE DE LA FIFA JULES RIMET (IZQUIERDA) Y EL PRESIDENTE DE LA ASOCIACIÓN URUGUAYA DE FÚTBOL DR. PAUL JUDE CONTEMPLAN LA COPA

Chile, Brasil, Paraguay y México, mientras que EE.UU. representaba a Norteamérica. De Europa se presentaron Francia, Bélgica, Rumania y Yugoslavia, quienes cruzaron el Atlántico por mar en un viaje que duró dos semanas. Varios europeos desistieron por el viaje y los costos; Alemania, además, prefería evitar a su antiguo rival bélico.

El sorteo de los equipos se efectuó directamente en Montevideo: un grupo de cuatro equipos y otros tres de tres seleccionados cada uno. Al partido inaugural Francia-México en el Estadio Pocitos asistieron 4.444 entusiasmados espectadores. Era un invierno con heladas y granizo, algo poco común en esa región, pero el tiempo no podía enfriar tanta pasión. El delantero francés Lucien Laurent de sólo 1,60 metros marcó el primer gol en la historia de la Copa del Mundo, a los 19 minutos. "Yo simplemente metí un gol, nunca imaginé que sería tan importante en el futuro", declaró décadas más tarde. El partido terminó 4-1 a favor de Francia.

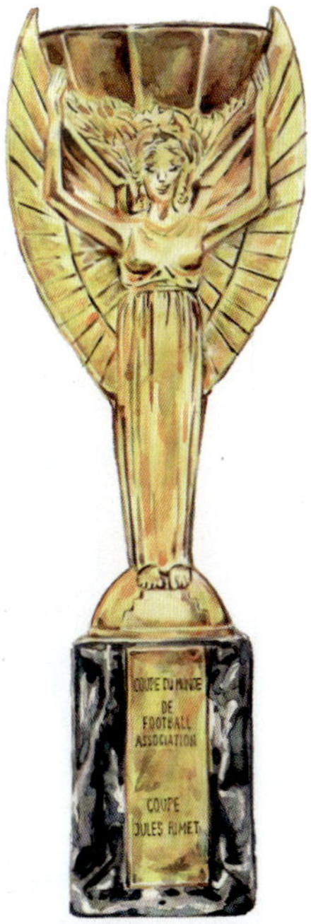

LA COPA DEL MUNDO, DE ORO PURO, LLEVABA EL NOMBRE DE JULES RIMET

ESTADIO CENTENARIO

EL EXCEPCIONAL JUGADOR URUGUAYO ANDRADE

Los favoritos eran Argentina y Uruguay que, como se esperaba, fueron los ganadores de sus grupos. En las dos semifinales, ambos equipos dominaron claramente: Argentina derrotó a EE.UU. y Uruguay le ganó a Yugoslavia (los dos encuentros terminaron 6-1). Los argentinos, que en la fase de grupos habían goleado 6-3 a México, con triplete de Guillermo Stábile, llegaban con la ilusión de hacer valer su temible ataque contra los locales.

Unos 80.000 aficionados, que fueron cuidadosamente revisados debido a su aspecto peligroso, estuvieron presentes en la final del 30 de julio. ¡Y con justa razón! Fueron confiscadas casi 1.600 armas. El árbitro John Langenus de Amberes, de 1,90 metros, correctamente vestido de traje y corbata, insistió en que le tuviesen listo un bote para escapar ante cualquier eventualidad. Con resultado final de 4-2, Uruguay fue el triunfador de la 1.ª Copa del Mundo y en el país el día siguiente fue declarado Fiesta Nacional.

EL FRANCÉS LUCIEN LAURENT PASÓ A LA HISTORIA AL CONVERTIR EL PRIMER GOL DE LOS MUNDIALES...

EL PRIMER GOL "MUNDIAL"

...Y ASÍ FUE

13 DE JULIO DE 1930, ESTADIO POCITOS, MINUTO 19

LOS CAMPEONES de 1930: URUGUAY.
ARRIBA: ERNESTO "MATUCHO" FÍGOLI (MASAJISTA), ÁLVARO GESTIDO, JOSÉ NASAZZI, ENRIQUE BALLESTEROS, ERNESTO MASCHERONI, JOSÉ ANDRADE, LORENZO FERNÁNDEZ.
ABAJO: PABLO DORADO, HÉCTOR SCARONE, HÉCTOR CASTRO, PEDRO CEA, SANTOS IRIAR

EL DIRECTOR TÉCNICO URUGUAYO ALBERTO SUPPICI LES DIO A SUS JUGADORES LIBERTAD DE ACCIÓN

LA FINAL 30 de JULIO de 1930

URUGUAY 4:2 ARGENTINA

ESTADIO CENTENARIO, MONTEVIDEO, URUGUAY
ESPECTADORES: 80.000
ÁRBITRO: JOHN LANGENUS (BÉLGICA)

COMO LAS REGLAS NO ESTABLECÍAN EL TIPO DE PELOTA CON LA QUE HABÍA QUE JUGAR, LUEGO DE LAS PROTESTAS POR PARTE DE ARGENTINA, SE DECIDIÓ JUGAR CON DOS PELOTAS. EN EL PRIMER TIEMPO CON EL BALÓN ARGENTINO Y EN EL SEGUNDO CON EL URUGUAYO

1:0
DORADO DE CAÑO A BOTASSO
MINUTO 12
1:1
PEUCELLE EMPATA
MINUTO 20
1:2
STÁBILE FESTEJA
MINUTO 37
2:2
CEA CONVIERTE CON UN TIRO BAJO
MINUTO 57
3:2
SANTOS IRIARTE DESDE 27 METROS
MINUTO 68
4:2
CASTRO DE CABEZA
MINUTO 89
¡URUGUAY CAMPEÓN MUNDIAL!
ACZEL

EL MUNDIAL 1930 EN RESUMEN

GRUPO 1

FECHA	EQUIPO	RES.	EQUIPO
13.07.	FRANCIA	4:1	MÉXICO
15.07.	ARGENTINA	1:0	FRANCIA
16.07.	CHILE	3:0	MÉXICO
19.07.	CHILE	1:0	FRANCIA
19.07.	ARGENTINA	6:3	MÉXICO
22.07.	ARGENTINA	3:1	CHILE

GRUPO 2

FECHA	EQUIPO	RES.	EQUIPO
14.07.	YUGOSLAVIA	2:1	BRASIL
17.07.	YUGOSLAVIA	4:0	BOLIVIA
20.07.	BRASIL	4:0	BOLIVIA

GRUPO 3

FECHA	EQUIPO	RES.	EQUIPO
14.07.	RUMANIA	3:1	PERÚ
18.07.	URUGUAY	1:0	PERÚ
21.07	URUGUAY	4:0	RUMANIA

GRUPO 4

FECHA	EQUIPO	RES.	EQUIPO
13.07.	EE.UU.	3:0	BÉLGICA
17.07.	EE.UU.	3:0	PARAGUAY
20.07.	PARAGUAY	1:0	BÉLGICA

SEMIFINAL

FECHA	EQUIPO	RES.	EQUIPO
26.07.	ARGENTINA	6:1	EE.UU.
26.07.	URUGUAY	6:1	YUGOSLAVIA

FINAL

FECHA	EQUIPO	RES.	EQUIPO
30.07.	URUGUAY	4:2	ARGENTINA

ENTRADA DEL MUNDIAL 1930

SALUDO ANTES DE LA PRIMERA FINAL MUNDIALISTA

LOS BOTINES ERAN RÚSTICOS, INCÓMODOS Y DUROS. INIMAGINABLE PARA LOS JUGADORES DE HOY

CADA PARTICIPANTE RECIBIÓ UNA MEDALLA CONMEMORATIVA

CAMPEÓN: URUGUAY

PARTICIPANTES
13 (DE 13 SELECCIONES)

PERIODO
13. 07. 1930–30. 07. 1930

ASISTENTES
590.549 (Ø: 32.808 POR PARTIDO)

JUGADORES EN CAMPO
189

GOLES
70 (Ø: 3,89 POR PARTIDO)

GOLES EN CONTRA
1

GOL MÁS RÁPIDO
50 SEGUNDOS: DEU
(RUMANIA–PERÚ)

PARTIDOS
18

EQUIPO GOLEADOR
ARGENTINA: 18 GOLES
EN 5 PARTIDOS

GOLEADOR
8 GOLES: STÁBILE (ARGENTINA)
5 GOLES: CEA (URUGUAY)
4 GOLES: PATENAUDE (EE.UU.)

EXPULSADOS
1 (Ø: 0,06 POR PARTIDO)

MEJOR JUGADOR TOP 3
1. JOSÉ LEANDRO ANDRADE (URUGUAY)
2. GUILLERMO STÁBILE (ARGENTINA)
3. JOSÉ PEDRO CEA (URUGUAY)

MEJOR ARQUERO
ENRIQUE BALLESTERO (URUGUAY)

3 O MÁS GOLES EN UN PARTIDO
3 GOLES:
STÁBILE (ARGENTINA–MÉXICO)
PATENAUDE (EE.UU.–PARAGUAY)
CEA (URUGUAY–YUGOSLAVIA)

PENALES
4: 1 CONVERTIDOS,
3 ERRADOS

EQUIPO IDEAL 1930

1934 ITALIA

ITALIA LUCHA Y DERROTA A CHECOSLOVAQUIA EN LA PRÓRROGA

1934 ITALIA

Un dictador abusa del deporte como escenario político; primer triplete de la historia; Alemania participa por primera vez; un gigante en el césped y un Austria invencible, hitos de la segunda edición de la Copa del Mundo, que tuvo lugar del 27 de mayo al 10 de junio en Italia.

32 selecciones nacionales se presentaron a los partidos clasificatorios, de las cuales 16 participarían del Mundial. Entre ellas, Egipto, el primer país africano. Uruguay, el actual campeón, no se presentó como respuesta al boicot de Italia en 1930. El líder Benito Mussolini hizo construir cuatro estadios abusando del tesoro nacional y se sirvió del deporte para la propaganda del fascismo.

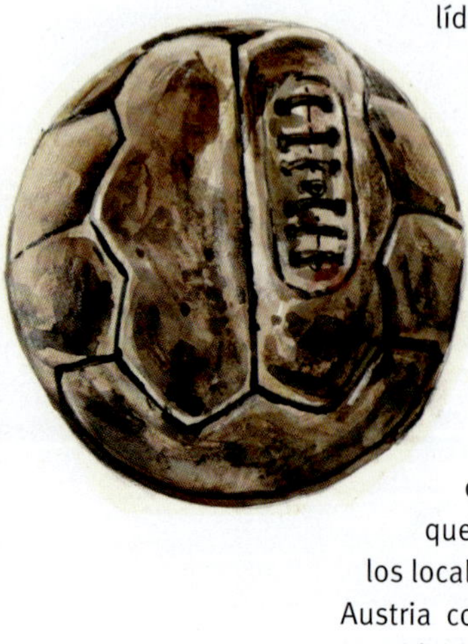

Los partidos se efectuaron según el sistema K.O., y Brasil y Argentina tuvieron que regresar a casa después de los octavos de final. Alemania derrotó 5-2 a Bélgica gracias a los tres goles de Edmund "Ed" Conen (en los minutos 66, 70 y 87), logrando así el primer triplete de la historia de los mundiales. En el partido ante los alemanes, Austria se presentó con la camiseta azul del Nápoli, ya que ambos equipos llevaban tradicionalmente vestimenta blanca y negra, y ganó por 3-2.

En cuartos de final se enfrentaron España e Italia, un partido que los Azzurri debían ganar a cualquier costo, y que terminó en empate 1-1 después de la prórroga. Al día siguiente se jugó el partido de repetición, que se caracterizó por su violencia y por el controvertido arbitraje a favor de los locales, que se impusieron por 1-0. En forma similar se desarrolló el encuentro Austria contra Hungría (2-1) que le dio a los austriacos el pase a semis. Eran considerados grandes favoritos de la Copa, debido a su aplastante serie de triunfos, pero Italia ganó 1-0 y puso fin a su racha ganadora.

En la final disputada en Roma, el seleccionado italiano volvió a sacar provecho de la parcialidad del árbitro, que no castigaba las faltas del Azzurro. Sin embargo, su oponente, Checoslovaquia (que había dejado en el camino 3-1 a Alemania), llevaba la ventaja. Recién el pase del inmortal Giuseppe Meazza a Angelo Schiavio llevó al primer triunfo de Italia en un Mundial cargado de polémica.

EL LEGENDARIO DELANTERO CENTRAL GIUSEPPE MEAZZA ERA TAN QUERIDO, QUE EL ESTADIO DEL AC MILÁN HOY EN DÍA LLEVA SU NOMBRE

LOS CAMPEONES de 1934: ITALIA.
ARRIBA: GIAMPIERO COMBI, LUISITO MONTI, ATTILIO FERRARIS, LUIGI ALLEMANDI, ENRICO GUAITA, GIOVANNI FERRARI. ABAJO: ANGELO SCHIAVIO, GIUSEPPE MEAZZA, ERALDO MONZEGLIO, LUIGI BERTOLINI, RAIMONDO ORSI

EL GOL DECISIVO DE MEAZZA PARA ITALIA EN LA REPETICIÓN DEL PARTIDO DE CUARTOS DE FINAL ANTE ESPAÑA

OLDŘICH NEJEDLÝ DE CHECOSLOVAQUIA, GOLEADOR CON CINCO GOLES

TADIOS SEMIVACÍOS. LOS HINCHAS PREFERÍAN VER LOS RTIDOS DEL CAMPEONATO LOCAL

FUE EL MUNDIAL DE LOS ARQUEROS. AQUÍ VEMOS AL ESPAÑOL RICARDO ZAMORA, UNA DE LAS FIGURAS DE ESA ÉPOCA

LA FINAL 10 de JUNIO de 1934

ITALIA 2:1 CHECOSLOVAQUIA (PRÓRROGA)

STADIO NAZIONALE DEL PNF, ROMA
ESPECTADORES: 55.000
ÁRBITRO: IVAN EKLIND (SUECIA)

EL DIRECTOR TÉCNICO DE ITALIA VITTORIO POZZO SE HIZO FAMOSO GRACIAS A SUS IMPECABLES PREPARATIVOS

FUE LA ÚNICA FINAL DE UN CAMPEONATO MUNDIAL EN LA QUE LOS CAPITANES ERAN, EN AMBOS EQUIPOS, ARQUEROS
MINUTO 55
A PUC NO LE CONCEDEN UN PENAL...
...Y ES SACADO EN CAMILLA DEL ESTADIO
0:1
PUC REGRESA Y CONVIERTE
MINUTO 67
1:1
ORSI EMPATA
MINUTO 81
PRÓRROGA
SCHIAVI RECIBE UN PASE DE MEAZZA Y...
MINUTO 95
2 : 1
...¡GOOOOL!
¡ITALIA CAMPEÓN MUNDIAL!

EL MUNDIAL 1934 EN RESUMEN

RONDA PRELIMINAR

FECHA	EQUIPO	RES.	EQUIPO
27.05.	SUECIA	3:2	ARGENTINA
27.05.	AUSTRIA	3:2	FRANCIA
27.05.	ALEMANIA	5:2	BÉLGICA
27.05.	ESPAÑA	3:1	BRASIL
27.05.	HUNGRÍA	4:2	EGIPTO
27.05.	SUIZA	3:2	PAÍSES BAJOS
27.05.	ITALIA	7:1	EE.UU.
27.05.	CHECOSLOVAQUIA	2:1	RUMANIA

CUARTOS DE FINAL

FECHA	EQUIPO	RES.	EQUIPO
31.05.	CHECOSL.	3:2	SUIZA
31.05.	ALEMANIA	2:1	SUECIA
31.05.	ITALIA	1:1	ESPAÑA
31.05.	AUSTRIA	2:1	HUNGRÍA
*31.05.	ITALIA	1:1	ESPAÑA

* 01.06. REPETICIÓN: 1:0

SEMIFINAL

FECHA	EQUIPO	RES.	EQUIPO
03.06.	ITALIA	1:0	AUSTRIA
03.06.	CHECOSL.	3:1	ALEMANIA

3ER PUESTO

FECHA	EQUIPO	RES.	EQUIPO
07.06.	ALEMANIA	3:2	AUSTRIA

FINAL

FECHA	EQUIPO	RES.	EQUIPO
10.06.	ITALIA	2:1	CHECOSL.

ENTRADA DEL MUNDIAL 1934

CAMPEÓN: ITALIA

LOS APRENDICES LLEVAN A SU MAESTRO EN ANDAS

PARTICIPANTES
16 (DE 32 SELECCIONES)

PERIODO
27. 05. 1934–10. 06. 1934

ASISTENTES
363.000 (Ø: 21.353 POR PARTIDO)

JUGADORES EN CAMPO
208

GOLES
70 (Ø: 4,12 POR PARTIDO)

GOLES EN CONTRA
0

GOL MÁS RÁPIDO
25 SEGUNDOS: LEHNER
(ALEMANIA–AUSTRIA)

PARTIDOS
17

EQUIPO GOLEADOR
ITALIA: 12 GOLES EN 5 PARTIDOS

GOLEADOR
5 GOLES: NEJEDLÝ
(CHECOSLOVAQUIA)
4 GOLES: SCHIAVIO (ITALIA)
CONEN (ALEMANIA)

EXPULSADOS
1 (Ø: 0,06 POR PARTIDO)

MEJOR JUGADOR TOP 3
1. GIUSEPPE MEAZZA (ITALIA)
2. OLDICH NEJEDLÝ (CHECOSLOVAQUIA)
3. ANGELO SCHIAVIO (ITALIA)

MEJOR ARQUERO
RICARDO ZAMORA (ESPAÑA)

3 O MÁS GOLES EN UN PARTIDO
3 GOLES: SCHIAVIO (ITALIA–EE.UU.)
CONEN (ALEMANIA–BÉLGICA)
NEJEDLÝ (CHECOSLOVAQUIA–ALEMANIA)

PENALES
4: 3 CONVERTIDOS,
1 ERRADO

EQUIPO IDEAL 1934

1938 FRANCIA

LA COPA DEL MUNDO DE 1938 FUE ORGANIZADA EN SU PATRIA ESPIRITUAL, PARÍS

1938 FRANCIA

Ensombrecido por la agitación política en vísperas de la Segunda Guerra Mundial, se llevó a cabo la tercera Copa del Mundo en Francia del 4 al 19 de junio, que dos años antes se había impuesto como sede frente a Argentina.

El director técnico de la Selección Nacional alemana, Sepp Herberger, se vio confrontado con la tarea de formar un equipo completamente nuevo en solo diez semanas. Debido a la anexión de Austria en el mismo año por los nazis, los funcionarios exigieron la creación de un equipo de la "Gran Alemania" que debía estar conformado por jugadores alemanes y austriacos en conjunto. Se clasificaron 16 equipos para la Copa del Mundo, entre ellos India Holandesa, la actual Indonesia, y Cuba, que fue el único campeonato mundial para el que se clasificaron. Las selecciones sudamericanas brillaron por su ausencia, ya que eran de la opinión de que Argentina debería haber sido la organizadora del torneo. España tampoco se presentó porque se encontraba en medio de la guerra civil. Alemania fue eliminada en los octavos de final al perder contra Suiza. Los jugadores alemanes que exhibieron el saludo fascista fueron abucheados y repudiados por el público.

En el partido Brasil-Polonia, los espectadores vivieron la actuación del legendario Leônidas da Silva, llamado el "Diamante Negro", que convirtió tres veces para Brasil. En este partido, que Brasil terminó ganando 6-5, da Silva jugó descalzo en algunos momentos. En los brutales cuartos de final, el portero checoslovaco František Plánička se convirtió en héroe al seguir jugando a pesar de una fractura de un brazo; sin embargo, no pudo evitar la derrota por 2-1. Brasil parecía el candidato seguro, pero en el último tramo del campeonato dejó la pasarela libre para los italianos: en las semifinales fueron eliminados quizás porque el técnico Adhemar Pimenta decidió reemplazar a Leônidas da Silva. Tras el merecido 2-1, los Azzurri se enfrentaron a Hungría, y una vez más el gran Giuseppe Meazza dirigió al equipo italiano, que, después de una victoria de 4-2, se coronó por segunda vez consecutiva campeón mundial.

YVES, EL NIETO DE JULES RIMET, PROCEDE A HACER EL SORTEO, MIENTRAS SU ORGULLOSO ABUELO SOSTIENE LA URNA

EN 1938 BRASIL FUE EL ÚNICO PAÍS SUDAMERICANO QUE SE DECLARÓ DISPUESTO A PARTICIPAR

EL GRAN GUARDAMETA CHECOSLOVACO FRANTIŠEK PLÁNIČKA SIGUIÓ JUGANDO A PESAR DE LA FRACTURA EN SU BRAZO

DI LORTO DA TODO PERO NO LLEGA. GOL ITALIANO DE COLAUSSI EN LOS CUARTOS DE FINAL CONTRA FRANCIA. LA SELECCIÓN ITALIANA JUEGA CON CAMISETAS NEGRAS, EL COLOR DEL FACHISMO

EL SALUDO NAZI DE LA SELECCIÓN ALEMANA FUE DESAPROBADO CON SILBIDOS

LOS CAMPEONES de 1938: ITALIA. ARRIBA: BURLANDO (AYUDANTE DE CAMPO), AMEDEO BIAVATI, GIORGIO VACCARO (FIGC PRESIDENTE), VITTORIO POZZO (DIRECTOR TÉCNICO), ANGELI (MASAJISTA) SILVIO PIOLA, GIOVANNI FERRARI, GINO COLAUSSI. ABAJO: UGO LOCATELLI, GIUSEPPE MEAZZA, ALFREDO FON, PIETRO SERANTONI (ACOSTADO), ALDO OLIVIERI, PIETRO RAVA, MICHELE ANDREOLO (MASAJISTA)

GIUSEPPE MEAZZA GANÓ EN 1938 SU SEGUNDA COPA DEL MUNDO....

LA FINAL 19 de JUNIO de 1938

ITALIA 4:2 HUNGRÍA

STADE OLYMPIQUE DE COLOMBES, PARÍS

ESPECTADORES: 60.000

ÁRBITRO: GEORGES CAPDEVILLE (FRANCIA)

...AL IGUAL QUE VITTORIO POZZO, EL GRAN DIRECTOR TÉCNICO ITALIANO

COUPÉ DU MONDE 1938
MINUTO 6
1:0
PASE DE PIOLA, COLAUSSI ACIERTA
MINUTO 7
1:1
TITKOS EMPATA
2:1
PIOLA. IMPARABLE
MINUTO 16
3:1
COLAUSSI LE ENTRÓ FENÓMENO
MINUTO 35
3:2
SAROSI PARA HUNGRÍA
MINUTO 70
4:2
PIOLA DEFINE EL PARTIDO
MINUTO 82
ITALIA CAMPEÓN MUNDIAL
HONGRIE 2
ITALIE 4

EL MUNDIAL 1938 EN RESUMEN

PRIMERA RONDA

FECHA	EQUIPO	RES.	EQUIPO
04.06.	SUIZA	1:1	ALEMANIA
05.06.	HUNGRÍA	6:0	INDIAS OR. NEERL.
05.06.	FRANCIA	3:1	BÉLGICA
05.06.	CUBA	3:3	RUMANIA
05.06.	ITALIA	2:1	NORUEGA
05.06.	BRASIL	6:5	POLONIA
05.06.	CHECOSLOVAQUIA	3:0	PAÍSES BAJOS
*09.06.	CUBA	2:1	RUMANIA
*09.06.	SUIZA	4:2	ALEMANIA

* REPETICIÓN

CUARTOS DE FINAL

FECHA	EQUIPO	RES.	EQUIPO
12.06.	BRASIL	1:1	CHECOSL.
12.06.	HUNGRÍA	2:0	SUIZA
12.06.	SUECIA	8:0	CUBA
12.06.	ITALIA	3:1	FRANCIA
*14.06.	BRASIL	2:1	CHECOSL.

* REPETICIÓN

SEMIFINAL

FECHA	EQUIPO	RES.	EQUIPO
16.06.	HUNGRÍA	5:1	SUECIA
16.06.	ITALIA	2:1	BRASIL

3ER PUESTO

FECHA	EQUIPO	RES.	EQUIPO
19.06.	BRASIL	4:2	SUECIA

FINAL

FECHA	EQUIPO	RES.	EQUIPO
19.06.	ITALIA	4:2	HUNGRÍA

CAMPEÓN: ITAL

La Gazzetta dello Sport

LUNEDI 20 Giugno

Apoteosi dello sport fascista nello stadio di Parigi

STREPITOSA VITTORIA DELLA SQUADRA ITALIANA NEL CAMPIONATO MONDIALE DI CALCIO

gli azzurri, splendenti di slancio e di stile, partono all'offensiva al segnale dell'arbitro, rintuzzano prontamente i contrattacchi ungheresi e trionfano nella luce d'un gioco magistrale

Italia-Ungheria: 4-2 (3-1)

PER LA BANDIERA

GIUSEPPE MEAZZA

VITTORIO POZZO

RABARBARO ZUCCA APERITIVO

ENTRADA DEL MUNDIAL 1938

PORTADA DEL DIARIO ITALIANO "LA GAZZETTA DELLO SPORT" TRAS EL GRAN TRIUNFO EN PARÍS

PARTICIPANTES
15 (DE 36 SELECCIONES)

PERIODO
04. 06. 1938–19. 06. 1938

ASISTENTES
375.700 (Ø: 20.872 POR PARTIDO)

JUGADORES EN CAMPO
211

GOLES
84 (Ø: 4,67 POR PARTIDO)

GOLES EN CONTRA
2

GOL MÁS RÁPIDO
35 SEGUNDOS: ARNE NYBERG (SUECIA–HUNGRÍA)

PARTIDOS
18

EQUIPO GOLEADOR
HUNGRÍA: 15 GOLES EN 4 PARTIDOS

GOLEADOR
8 GOLES: LEÔNIDAS (BRASIL)
6 GOLES: ZSENGELLER (HUNGRÍA)
5 GOLES: PIOLA (ITALIA), SAROSI (HUNGRÍA)

EXPULSIONES
4 (Ø: 0,22 POR PARTIDO)

MEJOR JUGADOR TOP 3
1. SILVIO PIOLA (ITALIA)
2. LEÔNIDAS (BRASIL)
3. GIUSEPPE MEAZZA (ITALIA)

MEJOR ARQUERO
FRANTIŠEK PLÁNIČKA (CHECOSLOVAQUIA)

3 O MÁS GOLES EN UN PARTIDO
4 GOLES: LEÔNIDAS (BRASIL–POLONIA) WILLIMOWSKI (POLONIA–BRASIL)
3 GOLES: WETTERSTRÖM (SUECIA–CUBA), ANDERSSON (SUECIA–CUBA)

PENALES
4: 3 CONVERTIDOS, 1 ATAJADO

EQUIPO IDEAL 1938

1950 BRASIL

EL ESTADIO MARACANÁ SERÍA TESTIGO DE LA PEOR DERROTA EN LA HISTORIA DEL FÚTBOL BRASILEÑO

1950 BRASIL

Brasil, que había sobrellevado la Segunda Guerra Mundial sin demasiada intervención, organizó la Copa del Mundo que duró desde el 24 de junio al 16 de julio de 1950. Tanto Alemania como Japón, al haber perdido la guerra, se hallaban proscritos por la FIFA. En cambio, para Inglaterra, madre patria del fútbol, sería la primera vez. Además, una construcción verdaderamente gigantesca se mostraba al mundo: el legendario estadio Maracaná de Río de Janeiro, que fue construido especialmente para este acontecimiento y proporcionaba espacio a más de 200.000 fanáticos.

De los 34 países inscriptos, finalmente se presentaron solamente 13. El resto canceló, como ya era costumbre. Entre ellos, India, ya que no les fue permitido a sus jugadores jugar descalzos. Se daba por sentado que Italia, el defensor del título, volvería con la misma fuerza, pero las expectativas fueron defraudadas. El accidente aéreo del año anterior, en el que fallecieron todos los jugadores del CA Torino, sacudió a la Squadra Azzurra en sus cimientos.

Argentina no participó en este Mundial por diferencias políticas y deportivas con Brasil y desacuerdos internos en la AFA, lo que abrió la puerta a otros favoritos sudamericanos. Se jugó por primera vez con fases de grupos, y para Inglaterra esta instancia fue un desastre. Como padres del fútbol moderno, los británicos habían ignorado hasta entonces con arrogancia todos los torneos mundiales. Comenzaron con una victoria engañosa de 2-0 contra Chile; tanto más dura resultó la derrota 1-0 contra los "aficionados" de Estados Unidos. El golpe de gracia lo recibieron en el último partido ante España, en el que cayeron 1-0 y les significó su eliminación. Brasil avanzaba de triunfo en triunfo y se preparaba para enfrentar a Uruguay, que llegaba tras varios tropiezos en el Mundial. La apasionante final tuvo lugar en el legendario estadio Maracaná. Todo parecía indicar una fiesta y conquista a favor del local. Seguros de sí mismos, los brasileños ganaban 1-0; en el segundo tiempo Uruguay logró empatar y finalmente derrotar a los favoritos con un gol del wing derecho Alcides Ghiggia. "Hubo sólo tres personas que lograron silenciar el Maracaná con un solo movimiento: Frank Sinatra, el Papa Juan Pablo II y yo", declaró Ghiggia a los 86 años.

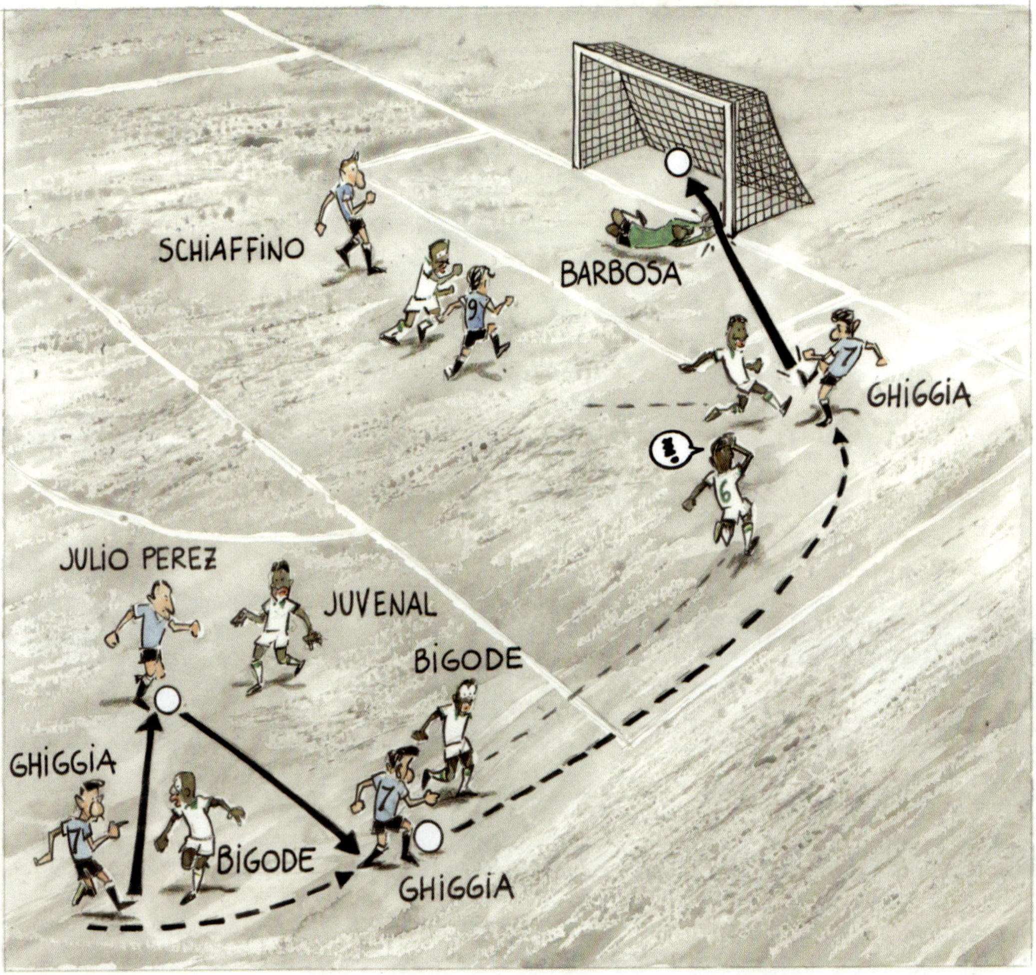

"MARACANAZO" ASÍ FUE NOMBRADO EL ÉPICO TRIUNFO DE URUGUAY EN LA FINAL CONTRA BRASIL. AQUÍ EL GOL DE LA VICTORIA POR GHIGGIA

LOS JUGADORES DE INGLATERRA OBSERVAN ASOMBRADOS EL NIVEL FUTBOLÍSTICO DE COPACABANA

ALF RAMSEY, DESESPERADO, MIRA COMO JOE GAETJENS CONVIERTE EL ÚNICO GOL DEL PARTIDO CONTRA LOS EE.UU., QUE PONE EN RIDÍCULO A LA SELECCIÓN INGLESA

ADEMIR GANA CON OCHO GOLES EL BOTÍN DE ORO, PERO NO EL MUNDIAL CON BRASIL

AUNQUE HABÍAN SIDO VENDIDAS 174.000 ENTRADAS PARA LA FINAL BRASIL-URUGUAY, UNAS 30.000 PERSONAS MÁS SE INFILTRARON AL ESTADIO. FUE UN MILAGRO QUE NADIE SALIERA HERIDO

LOS CAMPEONES de 1950: URUGUAY. ARRIBA: OBDULIO VARELA, JUAN LÓPEZ (DIRECTOR TÉCNICO), EUSEBIO TEJERA, VÁZQUEZ (AYUDANTE DE CAMPO), SCHUBERT GAMBETTA, MATÍAS GONZÁLEZ, ROQUE GASTÓN MÁSPOLI, VÍCTOR ANDRADE. ABAJO: KIRCHBERG (MASAJISTA), ALCIDES GHIGGIA, JULIO PÉREZ, ÓSCAR MÍGUEZ, JUAN SCHIAFFINO, RUBÉN MORÁN, FIGOLI (AYUDANTE DE CAMPO)

LAS PALABRAS DE ALIENTO DEL CAPITÁN DE URUGUAY OBDULIO VARELA A SU EQUIPO, ANTES DE LA FINAL

LA FINAL 16 de JULIO de 1950

URUGUAY 2:1 BRASIL

ESTÁDIO DO MARACANÃ, RÍO DE JANEIRO
ESPECTADORES: 200.000
ÁRBITRO: GEORGE READER (INGLATERRA)

EL DT URUGUAYO JUAN LOPEZ: "MUCHACHOS, SI LOS RESPETAMOS NOS PASAN POR ARRIBA, ASÍ QUE VAMOS A SALIR A GANAR EL PARTIDO"

0:1
FRIAÇA (DERECHA) CONVIERTE
MINUTO 47
1:1
SCHIAFFINO DE VOLEA
MINUTO 66
2:1
GHIGGIA AMAGA Y LE PEGA...
MINUTO 79
...AL PRIMER PALO
¡¡¡GOOOL!!!
"TRISTEZA NÃO TEM FIM..."
URUGUAY CAMPEÓN
URUGUAY FESTEJA EN LOS VESTUARIOS, ÚNICO LUGAR EN EL ESTADIO DONDE SOLO HABÍA PERSONAS FELICES

EL MUNDIAL 1950 EN RESUMEN

GRUPO 1

FECHA	EQUIPO	RES.	EQUIPO
24.06.	BRASIL	4:0	MÉXICO
25.06.	YUGOSLAVIA	3:0	SUIZA
28.06.	BRASIL	2:2	SUIZA
28.06.	YUGOSLAVIA	4:1	MÉXICO
01.07.	BRASIL	2:0	YUGOSLAVIA
02.07.	SUIZA	2:1	MÉXICO

PTS: BRASIL 5, YUGOSLAVIA 4, SUIZA 3, MÉXICO 0

GRUPO 2

FECHA	EQUIPO	RES.	EQUIPO
25.06.	INGLATERRA	2:0	CHILE
25.06.	ESPAÑA	3:1	EE.UU.
29.06.	ESPAÑA	2:0	CHILE
29.06.	EE.UU.	1:0	INGLATERRA
02.07.	ESPAÑA	1:0	INGLATERRA
02.07.	CHILE	5:2	EE.UU.

PTS: ESPAÑA 6, INGLATERRA 2, CHILE 2, EE.UU. 2

GRUPO 3

FECHA	EQUIPO	RES.	EQUIPO
25.06.	SUECIA	3:2	ITALIA
29.06.	SUECIA	2:2	PARAGUAY
02.07.	ITALIA	2:0	PARAGUAY

PTS: SUECIA 3, ITALIA 2, PARAGUAY 1

GRUPO 4

FECHA	EQUIPO	RES.	EQUIPO
02.07.	URUGUAY	8:0	BOLIVIA

PTS: URUGUAY 2, BOLIVIA 0

FASE FINAL

FECHA	EQUIPO	RES.	EQUIPO
09.07.	URUGUAY	2:2	ESPAÑA
09.07.	BRASIL	7:1	SUECIA
13.07.	BRASIL	6:1	ESPAÑA
13.07.	URUGUAY	3:2	SUECIA
16.07.	SUECIA	3:1	ESPAÑA
16.07.	URUGUAY	2:1	BRASIL

PTS: URUGUAY 5, BRASIL 4, SUECIA 2, ESPAÑA 1

FINAL

FECHA	EQUIPO	RES.	EQUIPO
16.07.	URUGUAY	2:1	BRASIL

ENTRADA DEL MUNDIAL 1950

GHIGGIA, MARCÓ EL GOL DEL TRIUNFO EN LA FINAL

CAMPEÓN: URUGUAY

PARTICIPANTES
13 (DE 34 SELECCIONES)

PERIODO
24. 06. 1950–16. 07. 1950

ASISTENTES
1.045.246 (Ø: 47.511 POR PARTIDO)

JUGADORES EN CAMPO
190

GOLES
88 (Ø: 4 POR PARTIDO)

GOLES EN CONTRA
1

GOL MÁS RÁPIDO
2 MINUTOS: ALFREDO (BRASIL–SUIZA)

PARTIDOS
22

EQUIPO GOLEADOR
BRASIL: 22 GOLES EN 6 PARTIDOS

GOLEADOR
9 GOLES: ADEMIR (BRASIL)
5 GOLES: MÍGUEZ (URUGUAY)
4 GOLES: BASORA, ZARRA (AMBOS ESPAÑA), CHICO (BRASIL) GHIGGIA (URUGUAY)

EXPULSIONES
0

MEJOR JUGADOR TOP 3
1. ADEMIR (BRASIL)
2. ALCIDES GHIGGIA (URUGUAY)
3. OBDULIO VARELA (URUGUAY)

MEJOR ARQUERO
ROQUE MÁSPOLI (URUGUAY)

3 O MÁS GOLES EN UN PARTIDO
4 GOLES: ADEMIR (BRASIL–SUECIA)
3 GOLES: CREMASCHI (CHILE–EE.UU.)

PENALES
3: TODOS CONVERTIDOS

EQUIPO IDEAL 1950

1954 SUIZA

"WUNDER VON BERN" (EL MILAGRO DE BERNA). ALEMANIA DA VUELTA EL PARTIDO Y VENCE A HUNGRÍA 3:2 EN UNA FINAL BAJO LA LLUVIA

1954 SUIZA

¡Terminó! ¡Terminó! ¡Terminó! ¡Terminó! ¡Terminó el partido! ¡Alemania es campeón mundial! El estridente grito de Herbert Zimmermann, periodista de radio, no solo es el símbolo de la Copa del Mundo en Suiza, sino que arrancó a Alemania de la depresión de la posguerra. El llamado "Milagro de Berna" es considerado hasta hoy, de forma extraoficial, el certificado de nacimiento de la República Federal de Alemania.

Y eso que nadie podía imaginar el triunfo de los alemanes. El equipo de Sepp Herberger participó en condición de marginado, junto a otros 15 equipos del campeonato que se disputó entre el 16 de junio y el 4 de julio. Dentro del grupo de Alemania se encontraba Hungría, equipo que por esos tiempos era considerado el más fuerte del mundo. Los magiares eran campeones olímpicos y llevaban 31 partidos seguidos invictos. En su camino a la final, Ferenc Puskás, Sándor Kocsis y sus compañeros habían convertido 25 goles en cuatro partidos.

Pero no solo Hungría estaba obsesionada por hacer goles: con 140 goles en 26 enfrentamientos, un promedio de 5,4 tantos por partido, el Campeonato Mundial de 1954 fue el más rico en goles de la historia. El encuentro de Suiza-Austria (5-7), con 12 goles, tiene aún el récord. Además, este campeonato fue el primero en el que los jugadores llevaban números en la espalda.

Alemania fue derrotada en fase de grupos 8-3 por Hungría, pero se aseguró su permanencia en el campeonato por medio de su triunfo ante Turquía. El encuentro de cuartos de final entre Hungría y Brasil fue brutal: lo que se jugó en el césped se prolongó tras la victoria de los europeos 4-2 con una cruda reyerta en los vestuarios.

La goleada de 6-1 de la selección alemana frente a Austria le allanó el camino a la final. Bajo una lluvia torrencial en el estadio Wankdorf de Berna, Puskás y Czibor lograron anotar en un primer momento, pero, pocos minutos más tarde, gracias a Morlock y Rahn, los alemanes empataron. Seis minutos antes del final del partido se oyeron las legendarias palabras emocionadas del reportero Zimmermann: "... Rahn, tendría que encarar y patear desde cerca del área ...!" y, como si lo hubiese oído, Helmut Rahn marcó así el triunfo de 3-2. Los ganadores del Mundial se vieron premiados con 1.000 marcos, una motoneta, canastos con alimentos y... un televisor.

EL HÚNGARO FERENC PUSKÁS DEBIÓ SER LA ESTRELLA DEL TORNEO PERO UNA LESIÓN LO HARÍA JUGAR POR DEBAJO DE SU NIVEL

ARRIBA: EL CAPITÁN FRITZ WALTER RECIBE LA PRECIADA COPA. ABAJO: WALTER, ECKEL Y EL DT "SEPP" HERBERGER SON LLEVADOS EN ANDAS. ALEMANIA HABÍA LOGRADO EL MILAGRO

HELMUT RAHN

CONVIRTIÓ DOS VECES EN LA FINAL...

FRITZ WALTER, CAPITÁN DE LA SELECCIÓN ALEMAN

...UNO DE ELLOS FUE EL EMOTIVO GOL DEL TRIUNFO

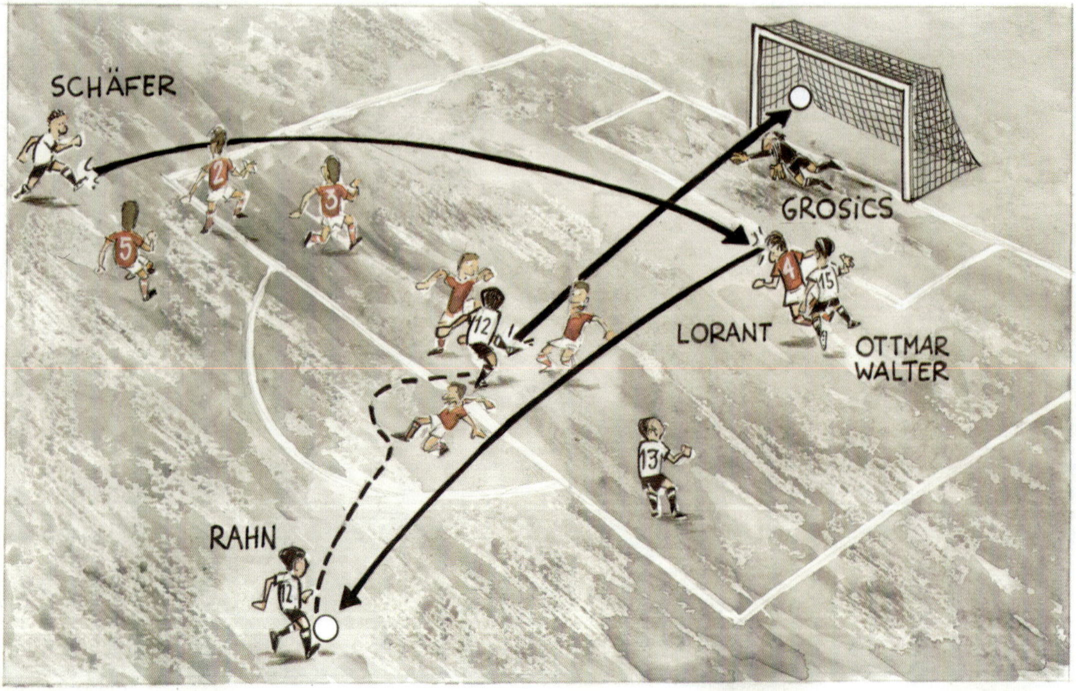

1954

EL HÚNGARO KOCSIS GOLEADOR CON 11 GOLES FORMÓ PARTE DEL MEJOR EQUIPO HÚNGARO DE TODOS LOS TIEMPOS. PARECÍAN INVENCIBLES, VENÍAN INVICTOS 31 PARTIDOS Y PERDIERON JUSTAMENTE EN LA FINAL

EL ALEMÁN ADI DASSLER (ADIDAS) INVENTÓ LOS BOTINES CON TORNILLO PARA SU SELECCIÓN. TENÍAN LA ESPERANZA DE QUE LLOVIERA EN LA FINAL...

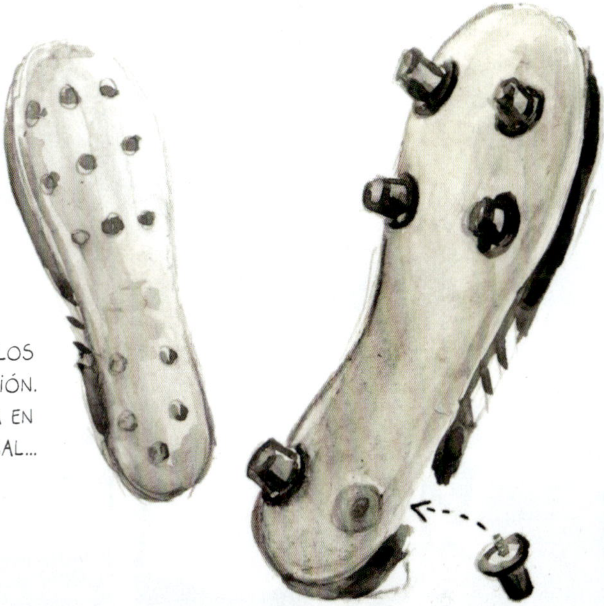

...Y SUS DESEOS SE CUMPLIERON

2
3

LOS CAMPEONES de 1954: ALEMANIA FEDERAL. ARRIBA: SEPP HERBERGER (DIRECTOR TÉCNICO), FRITZ WALTER, HELMUT RAHN; JUPP POSIPAL, HORST ECKEL, WERNER LIEBRICH, OTTMAR WALTE
HANS SCHÄFER, MAX MORLOCK. ABAJO: KARL MAI, TONI TUREK, WERNER KOHLMEYER

EL COMENTARISTA DE RADIO ALEMÁN HERBERT ZIMMERMANN PASÓ A LA HISTORIA POR LA PASIÓN CON LA QUE HIZO EL REPORTE DE LA FINAL. Y POR PRIMERA VEZ FUE TRANSMITIDO UN MUNDIAL DE FÚTBOL EN UN MEDIO INNOVADOR QUE HIZO POSIBLE QUE EL MUNDO ENTERO VIVIERA EL FÚTBOL: LA TELEVISIÓN

LA FINAL 4 de JULIO de 1954

ALEMANIA FEDERAL 3:2 HUNGRÍA

WANKDORFSTADION, BERN

ESPECTADORES: 64.000

ÁRBITRO WILLIAM LING (INGLATERRA)

"SI LLUEVE TENEMOS UNA LEVE CHANCE CONTRA HUNGRÍA. NOSOTROS TENEMOS BOTINES CON TAPONES INTERCAMBIABLES Y A ELLOS LES VAN A PESAR LAS PIERNAS"

EL DT ALEMÁN

JOSEPH "SEPP" HERBERGER

MINUTO 6
0:1
PUSKÁS CONVIERTE CON FUERZA Y ELEGANCIA
MINUTO 8
0:2
CZIBOR APROVECHA EL MALENTENDIDO ENTRE KOHLMEYER Y TUREK
MINUTO 10
1:2
PASE DE RAHN; MORLOCK LA METE JUSTO DE PUNTÍN
2:2
RAHN CONVIERTE DESPUÉS DEL CORNER DE FRITZ WALTER
MINUTO 18
MINUTO 84
HELMUT RAHN LE PEGA Y LLEVA A ALEMANIA HACIA EL TRIUNFO
3-2
20
3

EL MUNDIAL 1954 EN RESUMEN

GRUPO 1

FECHA	EQUIPO	RES.	EQUIPO
16.06.	YUGOSLAVIA	1:0	FRANCIA
16.06.	BRASIL	5:0	MÉXICO
19.06.	BRASIL	1:1	YUGOSLAVIA
19.06.	FRANCIA	3:2	MÉXICO

PTS: BRASIL 3, YUGOSLAVIA 3, FRANCIA 2, MÉXICO 0

GRUPO 2

FECHA	EQUIPO	RES.	EQUIPO
17.06.	RFA	4:1	TURQUÍA
17.06.	HUNGRÍA	9:0	COREA DEL SUR
20.06.	HUNGRÍA	8:3	RFA
20.06.	TURQUÍA	7:0	COREA DEL SUR
*23.06.	RFA	7:2	TURQUÍA

PTS: HUNGRÍA 4, RFA 2, TURQUÍA 2, COREA DEL SUR 0

* REPETICIÓN

GRUPO 3

FECHA	EQUIPO	RES.	EQUIPO
16.06.	AUSTRIA	1:0	ESCOCIA
16.06.	URUGUAY	2:0	CHECOSLOVAQUIA
19.06.	URUGUAY	7:0	ESCOCIA
19.06.	AUSTRIA	5:0	CHECOSLOVAQUIA

PTS: URUGUAY 4, AUSTRIA 4, CHECOSL. 0, ESCOCIA 0

GRUPO 4

FECHA	EQUIPO	RES.	EQUIPO
17.06.	SUIZA	2:1	ITALIA
17.06.	INGLATERRA	4:4	BÉLGICA
20.06.	ITALIA	4:1	BÉLGICA
20.06.	INGLATERRA	2:0	SUIZA
23.06.	SUIZA	4:1	ITALIA

PTS: INGLATERRA 3, SUIZA 2, ITALIA, 2, BÉLGICA 1

CUARTOS DE FINAL

FECHA	EQUIPO	RES.	EQUIPO
26.06.	AUSTRIA	7:5	SUIZA
26.06.	URUGUAY	4:2	INGLATERRA
27.06.	HUNGRÍA	4:2	BRASIL
27.06.	RFA	2:0	YUGOSLAVIA

SEMIFINAL

FECHA	EQUIPO	RES.	EQUIPO
30.06.	HUNGRÍA	4:2	URUGUAY
30.06.	RFA	6:1	AUSTRIA

TERCER PUESTO

FECHA	EQUIPO	RES.	EQUIPO
03.07.	AUSTRIA	3:1	URUGUAY

FINAL

FECHA	EQUIPO	RES.	EQUIPO
04.07.	RFA	3:2	HUNGRÍA

ENTRADA DEL MUNDIAL 1954

CAMPEÓN:
ALEMANIA FEDERAL

PARTICIPANTES
16 (DE 38 SELECCIONES)

PERIODO
16. 06. 1954–04. 07. 1954

ASISTENTES
768.607 (Ø: 29.562 POR PARTIDO)

GOLES
140 (Ø: 5,38 POR PARTIDO)

JUGADORES EN CAMPO
231

GOLES EN CONTRA
4

GOL MÁS RAPIDO
2 MINUTEN: SUAT (TURQUÍA–RFA, 1. PARTIDO)

PARTIDOS
26

EQUIPO GOLEADOR
HUNGRÍA: 27 GOLES IN 5 PARTIDOS

EXPULSIONES
3 (Ø: 0,12 POR PARTIDO)

GOLEADOR
11 GOLES: KOCSIS (HUNGRÍA)
6 GOLES: MORLOCK (RFA), HÜGI (SUIZA), PORBST (AUSTRIA)

MEJOR JUGADOR TOP 3
1. FERENC PUSKÁS (HUNGRÍA)
2. SANDOR KOCSIS (HUNGRÍA)
3. FRITZ WALTER, HELMUT RAHN (AMBOS RFA)

3 O MÁS GOLES EN UN PARTIDO
4 GOLES: KOCSIS (HUNGRÍA–RFA)
3 GOLES: KOCSIS (HUNGRÍA–COREA DEL SUR)
BURHAN (TURQUÍA–COREA DEL SUR),
HÜGI (SUIZA–AUSTRIA),
WAGNER (AUSTRIA–SUIZA),
MORLOCK (RFA–TURQUÍA),
PORBST (AUSTRIA–CHECOSLOVAQUIA),
BORGES (URUGUAY–ESCOCIA)

MEJOR ARQUERO
GYULA GROSICS (HUNGRÍA)

PENALES
7: 6 CONVERTIDOS,
1 ERRADO

EQUIPO IDEAL 1954

1958 SUECIA

PELÉ, A LOS 17 AÑOS, SE TRANSFORMÓ EN UNA ESTRELLA INTERNACIONAL CUANDO BRASIL GANÓ SU PRIMER MUNDIAL

1958 SUECIA

Pérola Negra (la Perla Negra), O Rei do Futebol (el Rey del Fútbol), no hay apodos más honoríficos que los que se le dieron a Edson Arantes do Nascimento, quien, a los 17 años, extasió al mundo del fútbol. Famoso con el apodo de Pelé, comenzó en este Mundial una carrera sin precedentes y, que en 2000, sería nombrado por la FIFA como el "Jugador del Siglo XX" (premio compartido con Diego Armando Maradona).

Pero no solo Pelé, a quien el psicólogo del equipo le había diagnosticado inmadurez, festejó su debut internacional. Durante la fase final, del 8 al 29 de julio, celebraron su entrada al fútbol internacional la Unión Soviética y Gran Bretaña, que se presentó por primera vez en forma completa con Inglaterra, Escocia, Gales e Irlanda del Norte. De una totalidad de 55 selecciones que se habían presentado, al final se clasificaron 14.

Los grandes ausentes fueron Italia y España, por lo cual el rol de favorito recayó en Francia. El delantero Just Fontaine convirtió cuatro veces contra Alemania en el partido por el tercer puesto y es, hasta hoy, poseedor del récord con 13 goles en un campeonato mundial.

En la semifinal Suecia-Alemania, el fútbol mostró por primera vez su lado más oscuro: cánticos denigrantes, frases violentas y consignas xenófobas acompañaron el partido y los sucesos del 24 de junio en Gotemburgo. Después de un intenso conflicto, Erich Juskowiak fue el primer jugador expulsado del campo de juego. La selección alemana jugaba en inferioridad de condiciones. Asimismo, la Confederación de Fútbol Alemana entrevió una clara ventaja a favor de los suecos por parte del árbitro húngaro. El resentimiento y la decepción del actual campeón por la derrota de 3-1 terminaron en insultos y violentas disputas, incluso por parte de turistas comunes, y causaron tensiones entre los países que duraron años.

En contraposición, Pelé, que logró casi solo que los esplendorosos franceses fuesen eliminados, le concedió al torneo brillo internacional. Entre los momentos de gloria no se olvidará su triplete en la semifinal. ¡Qué susto se llevaron los hinchas de Brasil cuando en la final, a los cuatro minutos, Suecia, el anfitrión, marcó el primer gol! Pero fue nuevamente Pelé quien aportó, no solamente a la victoria de Brasil por 5-2, sino que fue la revelación del torneo y proclamado el primer superstar del fútbol.

EL DELANTERO FRANCÉS JUST FONTAINE GOLEADOR CON 13 GOLES, UN RÉCORD QUE TIENE VIGENCIA HASTA HOY

.AZO DE FONTAINE CONTRA BRASIL EN LA SEMIFINAL, PERO FRANCIA SERÍA DERROTADA 5:2

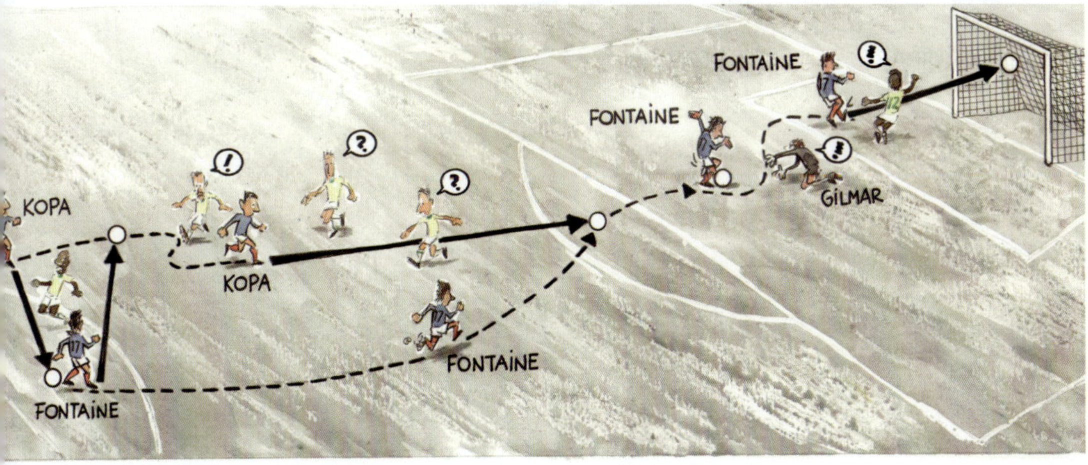

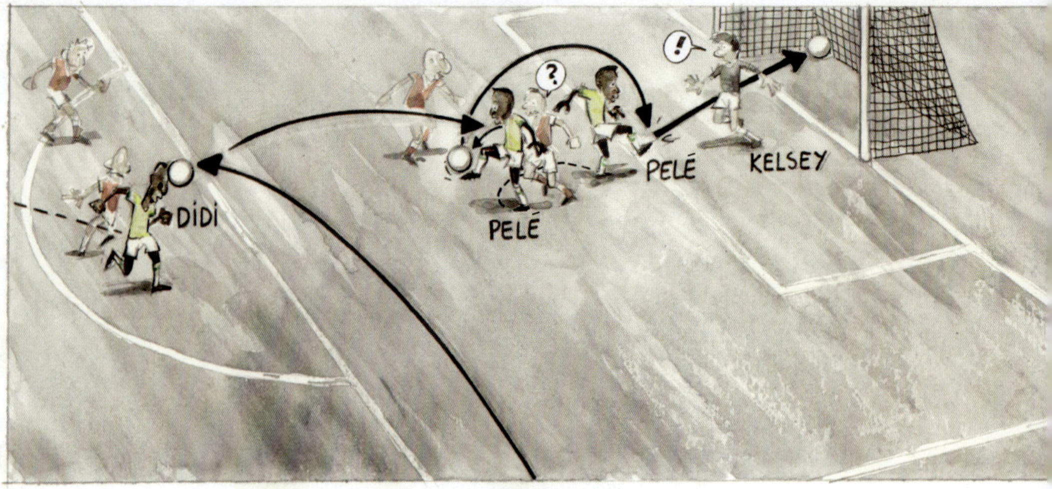

A BRASIL LO SALVÓ UN GOL DE PELÉ CONTRA GALES

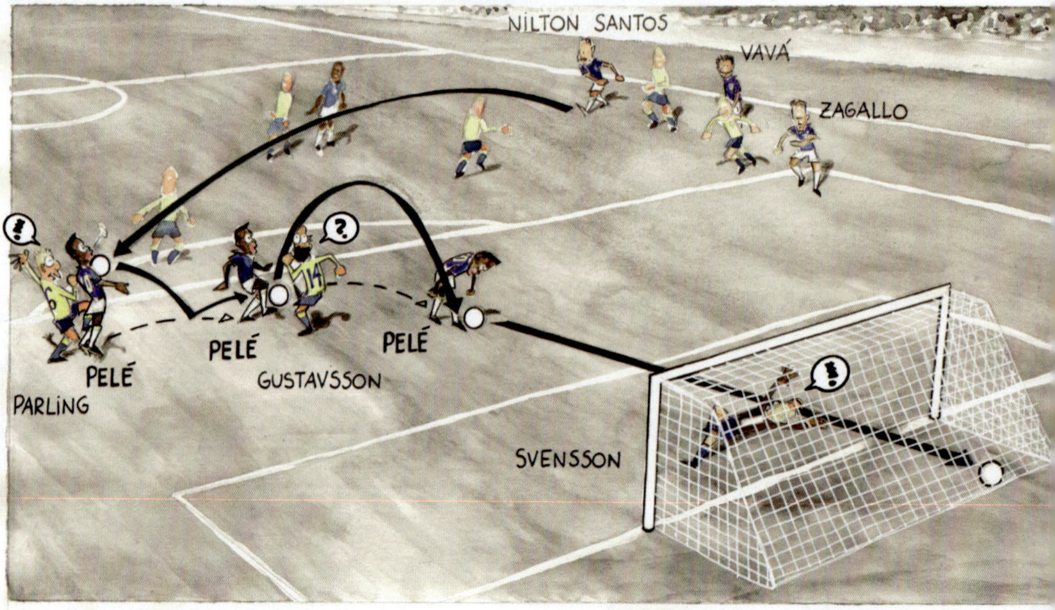

EL INOLVIDABLE PRIMER GOL DE PELÉ EN LA FINAL: PECHO Y SOMBRERITO PARA LA ETERNIDAD

DERECHA: EDSON ARANTES DO NASCIMEN
"O REI" O SIMPLEMENTE P

O Rei Pelé
O REI PELÉ
O Rei Pelé
O Rei Pelé
O REI PELÉ,
O REI PELÉ,
O REI PELÉ,
O REI PELÉ
O Rei Pelé
O Rei Pelé
ACZEL

CBD
BRASIL

LOS CAMPEONES de 1958: BRASIL. ARRIBA: VICENTE FEOLA (DIRECTOR TÉCNICO
DJALMA SANTOS, ZITO, BELLINI, NILTON SANTOS, ORLANDO, GILMAR,
ABAJO: GARRINCHA, DIDI, PELÉ, VAVÁ, ZAGALLO, AMARAL (AYUDANTE DE CAMP

TENSIÓN EN GOTEMBURGO: EL DEFENSOR ALEMÁN JUSKOWIAK PIERDE LOS NERVIOS TRAS LA EXPULSIÓN; SUECIA GANA 3:1 Y AVANZA A LA FINAL

EL JOVEN PELÉ NO PUEDE CONTROLAR SU EMOCIÓN TRAS CORONARSE CAMPEÓN DEL MUNDO

LA FINAL 29 de JUNIO de 1958

SUECIA 2:5 BRASIL

RÅSUNDASTADION, SOLNA
ESPECTADORES: 51.800
ÁRBITRO: MAURICE GUIGUE (FRANCIA)

DT DE BRASIL VICENTE FEOLA Y SU SISTEMA REVOLUCIONARIO 4-2-4

0:1
GOL TEMPRANO DE LIEDHOLM
MINUTO 4
1:1
VAVÁ
MINUTO 9
2:1
CENTRO DE GARRINCHA, VAVÁ CONVIERTE
MINUTE 32
3:1
PELÉ PARA EL BALÓN CON EL PECHO...
... SOMBRERITO
...Y LE PEGA DE VOLEA. ¡GOLAZO!
4:1
ZAGALLO
68. MINUTE
4:2
SIMONSSON
80. MINUTE
5:2
PELÉ DE CABEZA
MINUTO 90
AL TÉRMINO DEL PARTIDO, PELÉ NO SABE SI REIR O LLORAR. PERO ALGO ES SEGURO: HA NACIDO UNA LEYENDA
BRASIL CAMPEÓN MUNDIAL

EL MUNDIAL 1958 EN RESUMEN

GRUPO 1

FECHA	EQUIPO	RES.	EQUIPO
08.06.	ARGENTINA	1:3	RFA
08.06.	R. IRLANDA D. N.	1:0	CHECOSLOVAQUIA
11.06.	ARGENTINA	3:1	R. IRLANDA D. N.
11.06.	RFA	2:2	CHECOSLOVAQUIA
15.06.	CHECOSL.	6:1	ARGENTINA
15.06.	RFA	2:2	R. IRLANDA D. N.
17.06.	R. IRLANDA D. N.	2:1	CHECOSLOVAQUIA

PTS: RFA 4, R. IRL. D. N. 3, CHECOSL. 3, ARGENT. 2

GRUPO 2

FECHA	EQUIPO	RES.	EQUIPO
08.06.	YUGOSLAVIA	1:1	ESCOCIA
08.06.	FRANCIA	7:3	PARAGUAY
11.06.	YUGOSLAVIA	3:2	FRANCIA
11.06.	PARAGUAY	3:2	ESCOCIA
15.06.	PARAGUAY	3:3	YUGOSLAVIA
15.06.	FRANCIA	2:1	ESCOCIA

PTS: FRANCIA 4, YUGOSLAVIA 4, PARAGUAY 3, ESCOCIA 1

GRUPO 3

FECHA	EQUIPO	RES.	EQUIPO
08.06.	SUECIA	3:0	MÉXICO
08.06.	HUNGRÍA	1:1	GALES
11.06.	MÉXICO	1:1	GALES
12.06.	SUECIA	2:1	HUNGRÍA
15.06.	SUECIA	0:0	GALES
15.06.	HUNGRÍA	4:0	MÉXICO
17.06.	GALES	2:1	HUNGRÍA

PTS: SUECIA 5, GALES 3, HUNGRÍA 3, MÉXICO 1

GRUPO 4

FECHA	EQUIPO	RES.	EQUIPO
08.06.	URSS	2:2	INGLATERRA
08.06.	BRASIL	3:0	AUSTRIA
11.06.	URSS	2:0	AUSTRIA
11.06.	BRASIL	0:0	INGLATERRA
15.06.	BRASIL	2:0	URSS
15.06.	INGLATERRA	2:2	AUSTRIA
17.06.	URSS	1:0	INGLATERRA

PTS: BRASIL 5, URSS 3, INGLATERRA 3, AUSTRIA 1

LA FIRMA DE PELÉ

CUARTOS DE FINAL

FECHA	EQUIPO	RES.	EQUIPO
19.06.	BRASIL	1:0	GALES
19.06.	FRANCIA	4:0	R. IRLANDA D.N.
19.06.	RFA	1:0	YUGOSLAVIA
19.06.	SUECIA	2:0	URSS

SEMIFINAL

FECHA	EQUIPO	RES.	EQUIPO
24.06.	SUECIA	3:1	RFA
24.06.	BRASIL	5:2	FRANCIA

TERCER PUESTO

FECHA	EQUIPO	RES.	EQUIPO
28.06.	FRANCIA	6:3	RFA

FINAL

FECHA	EQUIPO	RES.	EQUIPO
29.06.	BRASIL	5:2	SUECIA

ENTRADA DEL MUNDIAL 1958

CAMPEÓN: BRASIL

PARTICIPANTES
16 (DE 52 SELECCIONES)

PERIODO
08. 06. 1958–29. 06. 1958

ASISTENTES
819.810 (Ø: 23.423 POR PARTIDO)

GOLES
126 (Ø: 3,6 POR PARTIDO)

JUGADORES EN CAMPO
246

GOLES EN CONTRA
0

GOL MÁS RAPIDO
75 SEGUNDOS: VAVÁ
(BRASIL–FRANCIA)

PARTIDOS
35

EQUIPO GOLEADOR
FRANCIA: 23 GOLES
EN 6 PARTIDOS

GOLEADOR
13 GOLES: FONTAINE (FRANCIA)
6 GOLES: RAHN (RFA),
PELÉ (BRASIL)

EXPULSIONES
3 (Ø: 0,09 POR PARTIDO)

MEJOR JUGADOR TOP 3
1. DIDI (BRASIL)
2. JUST FONTAINE (FRANCIA)
3. PELÉ (BRASIL)

3 O MÁS GOLES EN UN PARTIDO
4 GOLES: FONTAINE (FRANCIA–RFA)
3 GOLES: FONTAINE (FRANCIA–PARAGUAY),
PELÉ (BRASIL–FRANCIA)

MEJOR ARQUERO
HARRY GREGG (R. IRLANDA D. N.)

MEJOR JUGADOR JOVEN
PELÉ, 17 AÑOS (BRASIL)

PENALES
8: 7 CONVERTIDOS,
1 ERRADOS

EQUIPO IDEAL 1958

1962 CHILE

GARRINCHA SE BURLA DE LOS DEFENSORES Y BRASIL VUELVE A GANAR LA COPA DEL MUNDO

1962 CHILE

Disputado entre el 30 de mayo y el 17 de junio, es considerado aún hoy el campeonato mundial más duro y violento, y más que un Mundial fue un show de lucha libre. Especialmente en la fase previa, los jugadores actuaron de la forma más desconsiderada y brutal. El suceso más triste fue la "Batalla de Santiago", en la que los equipos de Italia y Chile protagonizaron una verdadera masacre.

Con 56 equipos que cumplían todos los requisitos, se logró un nuevo récord. Sin embargo, sólo alcanzaron la fase decisiva los últimos 16 equipos procedentes de Europa, Centro y Sudamérica. Pelé, la estrella cuya magia estaba en su esplendor, sufrió una rotura de fibra muscular en un muslo, por lo que ya en el segundo partido debió seguir el campeonato desde el banco de suplentes. Las expectativas de Alemania estaban puestas en Uwe Seeler, quien no pudo impedir la decepcionante derrota contra Yugoslavia 0-1 en los cuartos de final. El mejor jugador argentino de esos tiempos, Alfredo Di Stefano (estrella del Real Madrid), también decía presente jugando para la selección de España, aunque no llegó muy lejos.

El encuentro de la fase previa entre Chile e Italia estuvo completamente fuera de control, suceso que fue televisado y que pudieron presenciar en sus pantallas miles de espectadores que no podían salir de su asombro. Faltas antideportivas, brutales patadas, la fractura de un tabique nasal causada por un puñetazo, tres intervenciones policiales en el campo, así como la expulsión de dos jugadores de Italia, otorgaron al triunfo final de Chile 2-0 el título de "partido más antideportivo de la historia de los mundiales de fútbol".

El brasileño Mané Garrincha, delantero con la camiseta número 7, cuya pierna izquierda era seis centímetros más corta que la otra, tuvo la responsabilidad de sustituir la ausencia de Pelé, lesionado, y consiguió marcar dos goles en la semifinal ante Chile 4-2. A pesar de haber sido expulsado, el crack sudamericano fue indultado por la FIFA para jugar la final ante el conjunto checoslovaco. Dos errores cometidos por el arquero de Checoslovaquia ayudaron a que el carismático brasileño y su equipo ganaran 3-1. Así, la verde amarelha salía campeón por segunda vez consecutiva.

LA BATALLA DE SANTIAGO

"LA BATALLA DE SANTIAGO": AUNQUE EL CHILENO LEONEL SANCHEZ SE FUE A LAS MANOS CON DOS ITALIANOS, FUERON LOS AZURRI LOS CASTIGADOS. GIORGI FERRINI Y MARIO DAVID FUERON EXPULSADOS. "LA CARA MÁS ESTÚPIDA, ODIOSA, REPUGNANTE Y DESPRECIABLE DEL FÚTBOL", FUE LA DESCRIPCIÓN DE LA BBC. CHILE TERMINÓ GANANDO, PERO EL ÁRBITRO INGLÉS KEN ASTON DIJO QUE HABÍA SIDO UN PARTIDO INCONTROLABLE

PELÉ DEJA EL CAMPO DE JUEGO RENGUEANDO. AMARILDO ENTRARÍA EN SU LUGAR Y GARRINCHA SE ENCARGARÍA DE CONTINUAR CON EL SHOW BRASILERO

EL DELANTERO DE INGLATERRA, JIMMY GREAVES, FUE PROTAGONISTA DE UNA ANÉCDOTA MUY DIVERTIDA: DURANTE EL PARTIDO CONTRA BRASIL ATRAPÓ A UN PERRO VAGABUNDO QUE ANDABA POR EL ESTADIO. A GARRINCHA LE CAUSÓ TANTA GRACIA, QUE SE LO LLEVO DE MASCOTA PARA SU CASA

QUIEBRE DE CINTURA, AMAGUE, CAÑO. GARRINCHA, QUE NO PARÓ DE VOLVER LOCOS A SUS ADVERSARIOS, ES CONSIDERADO EL MEJOR PUNTERO DERECHO DE LA HISTORIA.
Y ESO QUE TENÍA LA COLUMNA VERTEBRAL TORCIDA Y...

...LA PIERNA IZQUIERDA 6 CM MÁS CORTA QUE LA DERECHA

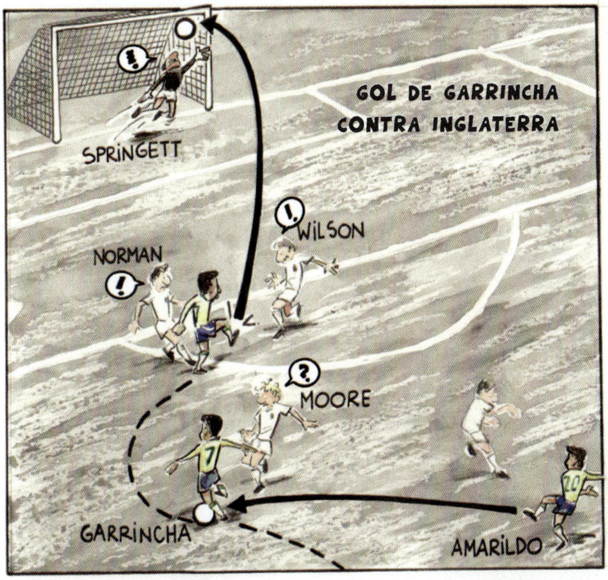

EL SHOW DE GARRINCHA

NADA POR AQUÍ, NADA POR ALLÁ. EL CLÁSICO AMAGUE SIN PELOTA DE GARRINCHA

LOS CAMPEONES de 1962: BRASIL. ARRIBA: AYMORE MOREIRA (DIRECTOR TÉCNICO), DJALMA SANTOS, ZITO, GILMAR, ZOZIMO, NILTON SANTOS, MAURO, DR. GOSLING (MÉDICO). ABAJO: AMÉRICO (MASAJISTA), GARRINCHA, DIDI, VAVÁ, AMARILDO, ZAGALLO, UN AYUDANTE DE CAMPO

GARRINCHA FUE GOLEADOR JUNTO A 5 JUGADORES (4 GOLES CADA UNO). ERAN DE CHILE LEONEL SÁNCHEZ, DE YUGOSLAVIA DRAAN JERKOVI, DE LA UNIÓN SOVIÉTICA VALENTÍN IWANOW, DE HUNGRÍA FLORIAN ALBERT Y DE BRASIL VAVÁ

LA FINAL 17 de JUNIO de 1962

BRASIL 3:1 CHECOSLOVAQUIA

ESTADIO NACIONAL, SANTIAGO
ESPECTADORES: 68.000
ÁRBITRO: NIKOLAI LATYSCHEW (UNIÓN SOVIÉTICA)

AYMORE MOREIRA, ENTRENADOR BRASILERO, TENÍA UNA FILOSOFÍA SIMPLE, PERO CAMBIO EL SISTEMA 4-2-4 A UN 4-3-3

PELÉ PUEDE VER PERO NO JUGAR
0:1
MASOPUST
MINUTO 15
1:1
AMARILDO EMPATA DE UN ÁNGULO IMPOSIBLE
MINUTO 17
2:1
ZITO CABECEA EL CENTRO DE AMARILDO
MINUTO 69
3:1
VAVÁ APROVECHA UN ERROR DEL ARQUERO Y DEFINE LA FINAL. **¡BRASIL CAMPEÓN!**
MINUTO 78

EL MUNDIAL 1962 EN RESUMEN

GRUPO 1

FECHA	EQUIPO	RES.	EQUIPO
30.05.	URUGUAY	2:1	COLOMBIA
31.05.	URSS	2:0	YUGOSLAVIA
02.06.	YUGOSLAVIA	3:1	URUGUAY
03.06.	URSS	4:4	COLOMBIA
06.06.	URSS	2:1	URUGUAY
07.06.	YUGOSLAVIA	5:0	COLOMBIA

PTS: URSS 5, YUGOSLAVIA 4, URUGUAY 2, COLOMBIA 1

GRUPO 2

FECHA	EQUIPO	RES.	EQUIPO
30.05.	CHILE	3:1	SUIZA
31.05.	RFA	0:0	ITALIA
02.06.	CHILE	2:0	ITALIA
03.06.	RFA	2:1	SUIZA
06.06.	RFA	2:0	CHILE
07.06.	ITALIA	3:0	SUIZA

PTS: RFA 5, CHILE 4, ITALIA 3, SUIZA 0

GRUPO 3

FECHA	EQUIPO	RES.	EQUIPO
30.05.	BRASIL	2:0	MÉXICO
31.05.	CHECOSL	1:0	ESPAÑA
02.06.	BRASIL	0:0	CHECOSL.
03.06.	ESPAÑA	1:0	MÉXICO
06.06.	BRASIL	2:1	ESPAÑA
07.06.	MÉXICO	3:1	CHECOSL.

PTS: BRASIL 5, CHECOSLOVAQUIA 3, MÉXICO 2, ESPAÑA 2

GRUPO 4

FECHA	EQUIPO	RES.	EQUIPO
30.05.	ARGENTINA	1:0	BULGARIA
31.05.	HUNGRÍA	2:1	INGLATERRA
02.06.	INGLATERRA	3:1	ARGENTINA
03.06.	HUNGRÍA	6:1	BULGARIA
06.06.	HUNGRÍA	0:0	ARGENTINA
07.06.	INGLATERRA	0:0	BULGARIA

PTS: HUNGRÍA 5, INGLATERRA 3, ARGENTINA 3, BULGARIA 1

CUARTOS DE FINAL

FECHA	EQUIPO	RES.	EQUIPO
10.06.	BRASIL	3:1	INGLATERRA
10.06.	CHILE	2:1	URSS
10.06.	YUGOSLAVIA	1:0	RFA
10.06.	CHECOSL.	1:0	HUNGRÍA

SEMIFINAL

FECHA	EQUIPO	RES.	EQUIPO
13.06.	CHECOSL.	3:1	YUGOSLAVIA
13.06.	BRASIL	4:2	CHILE

TERCER PUESTO

FECHA	EQUIPO	RES.	EQUIPO
16.06.	CHILE	1:0	YUGOSLAVIA

FINAL

FECHA	EQUIPO	RES.	EQUIPO
17.06.	BRASIL	3:1	CHECOSL.

ENTRADA DEL MUNDIAL 1962

UN TRABAJO DIFÍCIL: LA TARJETA DE IDENTIFICA DEL ÁRBITRO EN LA "BATALLA DE SANTIAGO"

CAMPEÓN: BRASIL

PARTICIPANTES
16 (DE 54 SELECCIONES)

PERIODO
30. 05. 1962–17. 06. 1962

ASISTENTES
893.172 (Ø: 27.912 POR PARTIDO)

JUGADORES EN CAMPO
249

GOLES
89 (Ø: 2,78 POR PARTIDO)

GOLES EN CONTRA
0

GOL MAS RAPIDO
16 SEGUNDOS: MASEK
(CHECOSLOVAQUIA–MÉXICO)

PARTIDOS
32

EQUIPO GOLEADOR
BRASIL: 14 GOLES EN 6 PARTIDOS

GOLEADOR
4 GOLES: IWANOW (URSS)
SÁNCHEZ (CHILE), GARRINCHA, VAVÁ
(AMBOS BRASIL), ALBERT
(HUNGRÍA), JERKOVI (YUGOSLAVIA)

EXPULSIONES
6 (Ø: 0,19 POR PARTIDO)

MEJOR JUGADOR TOP 3
1. GARRINCHA (BRASIL)
2. JOSEF MASOPUST (CHECOSLOVAQUIA)
3. VAVÁ (BRASIL)

MEJOR ARQUERO
VILIAM SCHROJF
(CHECOSLOVAQUIA)

3 O MÁS GOLES EN UN PARTIDO
3 GOLES: ALBERT (HUNGRÍA–BULGARIA)

PENALES
9: TODOS CONVERTIDOS

MEJOR JUGADOR JOVEN
FLORIAN ALBERT,
20 AÑOS (HUNGRÍA)

EQUIPO IDEAL 1962

1966 INGLATERRA

¡AL FIN INGLATERRA!
LOS CREADORES DEL FÚTBOL
PUEDEN LLAMARSE
CAMPEONES DEL MUNDO

1966 INGLATERRA

¿Adentro o afuera? Nunca se debatió más fervientemente acerca de si un gol era válido o no como en el de la final de Wembley, en 1966. La fase previa, disputada entre el 11 y el 30 de julio, también estuvo salpicada de emociones y sorpresas. Por ejemplo, cuando un perro logró que la reina podría entregar la copa al campeón del mundo: "Football is coming home!" (El fútbol llega a casa).

Las ansias de Inglaterra, tras su reconocimiento como cuna del fútbol, se vieron recompensadas finalmente con la organización del campeonato. Con 71 países jugando las clasificaciones, se alcanzó un nuevo récord. Entre los participantes estaban, para sorpresa de todos, Portugal y Corea del Norte, cuya selección había disputado dos años antes su primer partido. Alemania, consiguió de una forma relativamente sencilla que su equipo triunfara. Para ello, se sirvió de una ofensiva de centrocampistas con una media de edad de 20 años, cuya estrella aún estaba por relucir: Franz Beckenbauer.

Corea del Norte se encargó de dar el primer golpe al mandar de vuelta a casa a Italia en la primera fase, y en cuartos de final casi repite ante Portugal. Sin embargo, tras ir abajo 3-0, Eusébio se vistió de héroe y con sus cuatro tantos dio vuelta la historia. La expulsión injusta de Antonio Rattín en cuartos de final ante Inglaterra marcó la eliminación de Argentina, desató un escándalo internacional y alimentó la rivalidad histórica entre ambos países. Por otro lado, fue inevitable la eliminación de Brasil en primera fase: Pelé fue nuevamente lesionado y debió ser marginado, lo que acabó con las posibilidades del seleccionado sudamericano.

El robo del trofeo del Mundial provocó revuelo. Pero Pickles, un perrito blanco y negro que encontró la copa paseando, logró que se calmaran los ánimos.

En la semifinal, Beckenbauer y Helmut Haller vencieron a la Unión Soviética 2-1, e Inglaterra, por otro lado, derrotó a Portugal 2-1. El camino a Wembley estaba despejado. El partido llegó a los 90 minutos reglamentarios con un empate 2-2. Entonces, en el minuto 101, Geoff Hurst lanzó un disparo que pegó en el travesaño y picó aparentemente afuera, pero el juez de línea lo convalidó. De contraataque, un nuevo tanto de Hurst 4-2 llevó a Inglaterra, por primera -y hasta ahora única vez- a la cima del podio. Las fotos en las que el crack alemán Uwe Seeler sale del campo con la cabeza gacha permanecerán en el recuerdo.

GEOFF HURST PATEA, LA PELOTA PEGA EN EL TRAVESAÑO, PICA Y... LA PREGUNTA SI EL BALÓN CRUZÓ LA LÍNEA O NO DA TEMA DE ACALORADAS DISCUSIONES HASTA EL DÍA DE HOY

PICKLES (EL PERRO, NO EL FOTÓGRAFO) SE CONVIRTIÓ EN EL HÉROE DE LA JORNADA AL ENCONTRAR AL SUDOESTE DE LONDRES LA COPA DEL MUNDO QUE HABÍA SIDO ROBADA

BOBBY CHARLTON MARCA EL PRIMER GOL DE INGLATERRA EN EL PARTIDO CONTRA MÉXICO

EUSÉBIO GANA EL BOTÍN DE ORO POR HACER NUEVE GOLES DURANTE EL MUNDIAL. CUATRO DE ELLOS LOS CONVIRTIÓ EN EL PARTIDO CONTRA COREA DEL NORTE, QUE PORTUGAL GANÓ 5-3 LUEGO DE IR PERDIENDO 3-0

PAK DOO-IK LOGRA DAR EL BATACAZO: COREA DEL NORTE ELIMINA A ITALIA POR 1-0

EL DIRECTOR TÉCNICO ALF RAMSEY LE PROHIBE A GEORGE COHEN INTERCAMBIAR LA CAMISETA LUEGO DE LOS CUARTOS DE FINAL CONTRA ARGENTINA. RAMSEY NOMBRÓ "ANIMALS" A LOS SUDAMERICANOS

EL ARQUERO MEXICANO ANTONIO CARBAJAL QUEDÓ EN LA HISTORIA FUTBOLÍSTICA AL JUGAR SU QUINTO MUNDIAL

¡UFF!
PARA PELÉ, EL MUNDIAL TERMINÓ ABRUPTAMENTE DESPUÉS DE LOS BRUTALES FOULS DE LOS QUE FUE VÍCTIMA OCASIONADOS POR BULGARIA Y PORTUGAL

GOL DE BOBBY CHARLTON EN LA SEMIFINAL ANTE PORTUGAL

LOS CAMPEONES de 1966: INGLATERRA. ARRIBA: HAROLD SHEPHERDSON (CO-ENTRENADOR), NOBBY STILES, ROGER HUNT, GORDON BANKS, JACK CHARLTON, GEORGE COHEN, RAY WILSON ALF RAMSEY (DIRECTOR TÉCNICO)ABAJO: MARTIN PETERS, GEOFF HURST, BOBBY MOORE, ALAN BALL, BOBBY CHARLTON

HASTA LOS VERDADEROS HOMBRES LLORAN. JACKIE CHARLTON VENCIDO POR LA EMOCIÓN DE LA VICTORIA

EL DT RAMSEY CONFIRMÓ SU FAMA DE INGLÉS FLEGMÁTICO CUANDO AL CONTRARIO DEL CO-ENTRENADOR HAROLD SHEPHERDSON QUE SALTÓ DE ALEGRÍA, SE QUEDÓ SENTADO TIESO EN EL BANCO AL SONAR EL SILBATO FINAL. Y PARA COLMO LE DIJO A SHEPHERDSON: "¡SIÉNTATE, HAROLD, QUE NO VEO NADA!" EL DIRECTOR TÉCNICO ALEMÁN HELMUT SCHÖN (A LA IZQUIERDA) NO PUEDE CREER QUE SU EQUIPO HAYA PERDIDO

LA FINAL 30 de JULIO de 1966

INGLATERRA 4:2 ALEMANIA FEDERAL (PRÓRRC

WEMBLEY STADIUM, LONDON

ESPECTADORES: 98.000

ÁRBITRO: GOTTFRIED DIENST (SUIZA)

JUEZ DE LÍNEA:
TOFIK BACHRAMOW (URSS)

ALF RAMSEY, DT DE INGLATERRA

0:1
HALLER ANOTA PRIMERO
MINUTO 12
1:1
HURST, DE CABEZA
MINUTE 18
2:1
PETERS
MINUTO 78
2:2
WEBER
MINUTO 90
3:2
HURST... ¿PERO ENTRÓ O NO ENTRÓ?
PRÓRROGA
MINUTO 101
EL LINEMAN RUSO ASEGURA HABER VISTO LA PELOTA ADENTRO Y EL ÁRBITRO SUIZO DECIDE COBRAR GOL...
¡GOL!
...LAS PROTESTAS NO LE HACEN CAMBIAR DE OPINIÓN
4:2
HURST HAT-TRICK
MINUTO 120
¡INGLATERRA CAMPEÓN!

EL MUNDIAL 1966 EN RESUMEN

GRUPO 1

FECHA	EQUIPO	RES.	EQUIPO
11.07.	INGLATERRA	0:0	URUGUAY
13.07.	FRANCIA	1:1	MÉXICO
15.07.	URUGUAY	2:1	FRANCIA
16.07.	INGLATERRA	2:0	MÉXICO
19.07.	URUGUAY	0:0	MÉXICO
20.07.	INGLATERRA	2:0	FRANCIA

PTS: INGLATERRA 5, URUGUAY 4, MÉXICO 2, FRANCIA 1

GRUPO 2

FECHA	EQUIPO	RES.	EQUIPO
12.07.	RFA	5:0	SUIZA
13.07.	ARGENTINA	2:1	ESPAÑA
15.07.	ESPAÑA	2:1	SUIZA
16.07.	RFA	0:0	ARGENTINA
19.07.	ARGENTINA	2:0	SUIZA
20.07.	RFA	2:1	ESPAÑA

PTS: RFA 5, ARGENTINA 5, ESPAÑA 2, SUIZA 0

GRUPO 3

FECHA	EQUIPO	RES.	EQUIPO
12.07.	BRASIL	2:0	BULGARIA
13.07.	PORTUGAL	3:1	HUNGRIA
15.07.	HUNGRIA	3:1	BRASIL
16.07.	PORTUGAL	3:0	BULGARIA
19.07.	PORTUGAL	3:1	BRASIL
20.07.	HUNGRIA	3:1	BULGARIA

PTS: PORTUGAL 6, HUNGRIA 4, BRASIL 2, BULGARIA 0

GRUPO 4

FECHA	EQUIPO	RES.	EQUIPO
12.07.	URSS	3:0	COREA DEL NORTE
13.07.	ITALIA	2:0	CHILE
15.07.	COREA DEL NORTE	1:1	CHILE
16.07.	URSS	1:0	ITALIA
19.07.	COREA DEL NORTE	1:0	ITALIA
20.07.	URSS	2:1	CHILE

PTS: URSS 6, COREA DEL NORTE 3, ITALIA 2, CHILE 1

CUARTOS DE FINAL

FECHA	EQUIPO	RES.	EQUIPO
23.07.	INGLATERRA	1:0	ARGENTINA
23.07.	RFA	4:0	URUGUAY
23.07.	URSS	2:1	HUNGRIA
23.07.	PORTUGAL	5:3	COREA D. N.

SEMIFINAL

FECHA	EQUIPO	RES.	EQUIPO
25.07.	RFA	2:1	URSS
26.07.	INGLATERRA	2:1	PORTUGAL

TERCER PUESTO

FECHA	EQUIPO	RES.	EQUIPO
28.07.	PORTUGAL	2:1	URSS

FINAL

FECHA	EQUIPO	RES.	EQUIPO
30.07.	INGLATERRA	4:2	RFA

ENTRADA PARA VER LA FINAL DEL MUNDIAL 1966 EN EL LEGENDARIO WEMBLEY STADIUM

LA REINA ENTREGA EL TROFEO AL CAPITÁN BOBBY MOORE

CAMPEÓN: INGLATERRA

PARTICIPANTES
16 (DE 71 SELECCIONES)

PERIODO
11. 07. 1966–30. 07. 1966

ASISTENTES
1.563.135 (Ø: 48.848 POR PARTIDO)

JUGADORES EN CAMPO
253

GOLES
89 (Ø: 2,78 POR PARTIDO)

GOLES EN CONTRA
2

GOL MÁS RAPIDO
55 SEGUNDOS: PAK SEUNG-ZIN (COREA DEL NORTE–PORTUGAL)

PARTIDOS
32

EQUIPO GOLEADOR
PORTUGAL: 17 GOLES EN 6 PARTIDO

GOLEADOR
9 GOLES: EUSEBIO (PORTUGAL)
6 GOLES: HALLER (RFA)
4 GOLES: HURST (INGLATERRA), BECKENBAUER (RFA), PORKUJAN (URSS), BENE (HUNGRIA)

EXPULSIONES
5 (Ø: 0,16 POR PARTIDO)

MEJOR JUGADOR TOP 3
1. BOBBY CHARLTON (INGLATERRA)
2. EUSEBIO (PORTUGAL)
3. BOBBY MOORE (INGLATERRA)

MEJOR ARQUERO
GORDON BANKS (INGLATERRA)

3 O MÁS GOLES EN UN PARTIDO
4 GOLES: EUSEBIO (PORTUGAL–COREA D. N.)
3 GOLES: HURST (INGLATERRA–RFA)

PENALES
8: TODOS CONVERTIDOS

MEJOR JUGADOR JOVEN
FRANZ BECKENBAUER, 20 AÑOS (RFA)

EQUIPO IDEAL 1966

ACZEL

1970 MÉXICO

JAIRZINHO LEVANTA A PELÉ QUE FESTEJA EL PRIMER GOL DE BRASIL EN LA FINAL ANTE ITALIA

1970 MÉXICO

Tres de los partidos señalados como los mejores de todos los tiempos deleitaron a los espectadores en el Mundial de México celebrado en México del 31 de mayo al 21 de junio. Se utilizaron, por primera vez, tarjetas amarillas y rojas, y se introdujo la posibilidad de realizar cambios en los partidos. Además, para delicia del público, todos los encuentros se empezaron a transmitir por TV a color.

Para que Europa pudiera presenciar los partidos en directo, varios de ellos comenzaron a las 12 del mediodía, con el sol en lo más alto. A pesar de la preocupación inicial por la salud de los jugadores, debido a las altas temperaturas, algunos de esos partidos quedaron en la historia.

Pelé, que, luego de su pronta eliminación en 1966, se había retirado del seleccionado, volvió tras las presiones del gobierno de Brasil.

Ya en la fase previa, la selección brasilera se enfrentó al último campeón del mundo. En un partido épico, el arquero de Inglaterra, Gordon Banks, tuvo una actuación brillante: con una parada inexplicable sacó un cabezazo de O Rei que parecía inatajable, pero el posterior gol de Jairzinho le dio el resultado final 1-0 a Brasil. El partido de cuartos de final de Alemania contra Inglaterra (los finalistas de 1966) se tornó en drama: a falta de 20 minutos, los germanos iban perdiendo, pero Beckenbauer descontó y Seeler igualó el marcador. Ya en la prórroga, "Der Bomber Müller" marcó el último tanto, sellando el marcador final de 3-2. En la ronda previa contra Perú y Bulgaria, ya había logrado dos tripletes.

La semifinal entre Italia y Alemania quedó en el recuerdo como el partido del siglo. Una vez más, Müller le dio impulso a su equipo en la prórroga; Italia iba por delante pero el delantaro alemán consiguió marcar consiguió marcar el empate en el minuto 110. Ni su intervención ni el hecho de que Beckenbauer continuara heroicamente jugando con el hombro dislocado y el brazo inmovilizado pudieron impedir la derrota (3-4).

En la final frente a Brasil, las pilas de “La Squadra Azzurra” estaban descargadas. Pelé marcó un tanto y tomó parte en otros dos. Tras el resultado final 4-1, la Canarinha logró llevarse a casa, por tercera vez, la Copa del Mundo. Este fue el último Mundial de Pelé, y el astro se retiró con toda la gloria.

INTERCAMBIO DE CAMISETAS DE DOS GRANDES. PELÉ Y BOBBY MOORE AL TÉRMINO DEL ÉPICO PARTIDO EN QUE BRASIL LE GANÓ 1:0 A INGLATERRA

EL TACKLE PERFECTO: BOBY MOORE DETIENE A JAIRZINHO CON UN TACKLE QUE DEJA MUDO A LA TRIBUNA...

...PERO EL QUE RÍE ÚLTIMO, RÍE MEJOR. JAIRZINHO CONVIERTE EL GOL DE LA VICTORIA CONTRA INGLATERRA

LA ATAJADA DEL SIGLO. GORDON BANKS LOGRA SACAR UN CABEZAZO INATAJABLE DE PELÉ

EL GOLEADOR (DIEZ GOLES) GERD MÜLLER DE ALEMANIA FEDERAL VENCE A BONETTI, ARQUERO SUPLENTE DE INGLATERRA, DEJANDO AFUERA EN LOS CUARTOS DE FINAL, A LOS CAMPEONES DEL MUNDIAL ANTERIOR

EL CAMPEONATO MUNDIAL DE 1970 FUE EL PRIMERO EN SER TRANSMITIDO EN COLOR POR TV

"EL KAISER"

FRANZ BECKENBAUER, SE DISLOCÓ EL HOMBRO EN LA SEMIFINAL CONTRA ITALIA PERO SIGUIÓ JUGANDO EN LO QUE SERÍA CONSIDERADO EL PARTIDO DEL SIGLO XX. LOS ITALIANOS VENCIERON 4:3 EN LA PRÓRROGA, PERO EL VERDADERO GANADOR FUE EL FÚTBOL

¡¡¡UUUUUH!!! PELÉ Y SU TIRO DE MITAD DE CANCHA ANTE CHECOSLOVAQUIA QUE PASÓ MUY CERCA DEL ÁNGULO

OTRO GOLAZO QUE NO FUE: PELÉ , FRENTE A LA SALIDA DEL URUGUAYO MAZURKIEWICZ, GAMBETEÓ SIN TOCAR LA PELOTA. AMAGÓ JUGARLA, LA DEJÓ CORRER, EL ARQUERO NO ENCONTRÓ NI HOMBRE NI BALÓN, PELÉ FUE A BUSCARLA, GIRÓ Y LA TIRÓ APENAS DESVIADA... ESPECTACULAR

LECCIÓN DE FÚTBOL: CÓMO PARAR LA PELOTA CON EL PECHO. PELÉ Y SU GOL CONTRA CHECOSLOVAQUIA

LOS CAMPEONES de 1970: BRASIL. CARLOS ALBERTO, BRITO, GERSON, PIAZZA, EVERALDO, TOSTÃO, CLODOALDO, RIVELINO, PELÉ, JAIRZINHO, FÉLIX

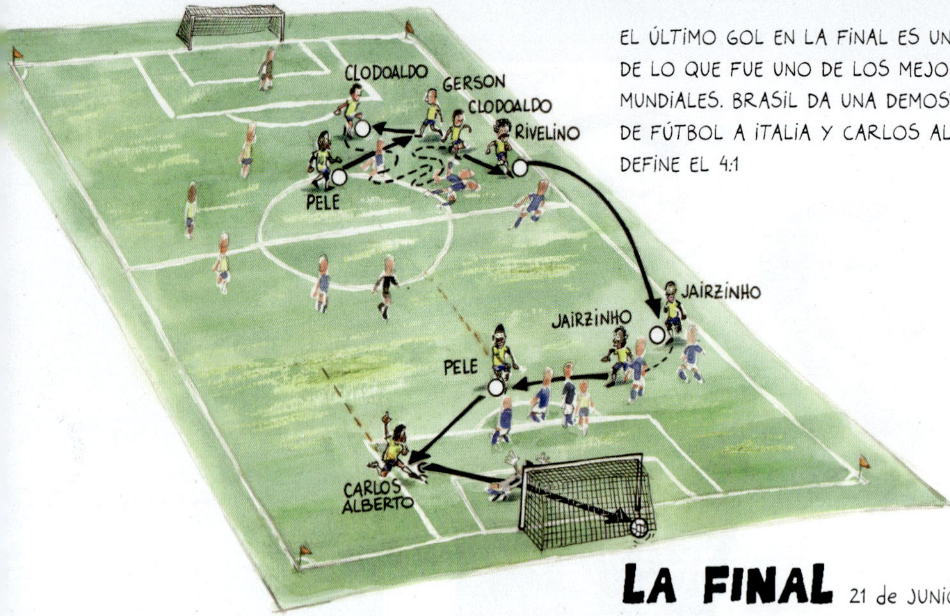

EL ÚLTIMO GOL EN LA FINAL ES UN RESUMEN DE LO QUE FUE UNO DE LOS MEJORES MUNDIALES. BRASIL DA UNA DEMOSTRACIÓN DE FÚTBOL A ITALIA Y CARLOS ALBERTO DEFINE EL 4:1

LA FINAL 21 de JUNIO de 1970

BRASIL 4:1 ITALIA

ESTADIO AZTECA, CIUDAD DE MÉXICO
ESPECTADORES: 107.412
ÁRBITRO: RUDI GLÖCKNER (ALEMANIA FEDERAL)

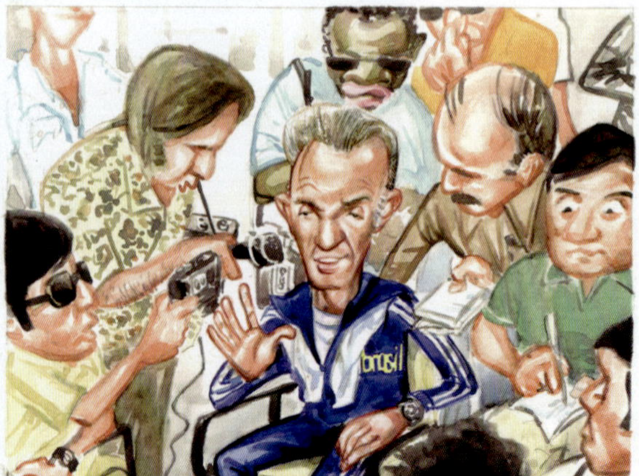

MÁRIO ZAGALLO FUE EL PRIMERO EN CONVERTIRSE EN CAMPEÓN MUNDIAL COMO JUGADOR (EN 1958 Y 1962) Y COMO DIRECTOR TÉCNICO (EN 1970)

MINUTO 18
1:0 PELÉ DE CABEZA
1:1 BONINSEGNA
MINUTO 37
2:1 GERSON DE 17 METROS
MINUTO 66
3:1 JAIRZINHO
MINUTO 72
4:1 CARLOS ALBERTO. EL GOL DEL CAMPEONATO
MINUTO 87
BRASIL SE CORONA CAMPEÓN MUNDIAL
Y PELÉ EL REY DEL FÚTBOL
Pelé
ACZEL

EL MUNDIAL 1970 EN RESUMEN

GRUPO 1

FECHA	EQUIPO	RES.	EQUIPO
31.05.	MÉXICO	0:0	URSS
03.06.	BÉLGICA	3:0	EL SALVADOR
06.06.	URSS	4:1	BÉLGICA
07.06.	MÉXICO	4:0	EL SALVADOR
10.06.	URSS	2:0	EL SALVADOR
11.06.	MÉXICO	1:0	BÉLGICA

PTS: URSS 5, MÉXICO 5, BÉLGICA 2, EL SALVADOR 0

GRUPO 2

FECHA	EQUIPO	RES.	EQUIPO
02.06.	URUGUAY	2:0	ISRAEL
03.06.	ITALIA	1:0	SUECIA
06.06.	URUGUAY	0:0	ITALIA
07.06.	SUECIA	1:1	ISRAEL
10.06.	SUECIA	1:0	URUGUAY
11.06.	ITALIA	0:0	ISRAEL

PTS: ITALIA 4, URUGUAY 3, SUECIA 3, ISRAEL 2

GRUPO 3

FECHA	EQUIPO	RES.	EQUIPO
02.06.	INGLATERRA	1:0	RUMANIA
03.06.	BRASIL	4:1	CHECOSLOVAQUIA
06.06.	RUMANIA	2:1	CHECOSLOVAQUIA
07.06.	BRASIL	1:0	INGLATERRA
10.06.	BRASIL	3:2	RUMANIA
11.06.	INGLATERRA	1:0	CHECOSLOVAQUIA

PTS: BRASIL 6, INGLATERRA 4, RUMANIA 2, CHECOSLOVAQUIA 0

GRUPO 4

FECHA	EQUIPO	RES.	EQUIPO
02.06.	PERÚ	3:2	BULGARIA
03.06.	RFA	2:1	MARRUECOS
06.06.	PERÚ	3:0	MARRUECOS
07.06.	RFA	5:2	BULGARIA
10.06.	RFA	3:1	PERÚ
11.06.	BULGARIA	1:1	MARRUECOS

PTS: RFA 6, PERÚ 4, BULGARIA 1, MARRUECOS 1

CUARTOS DE FINAL

FECHA	EQUIPO	RES.	EQUIPO
14.06.	BRASIL	4:2	PERÚ
14.06.	RFA	3:2	INGLATERRA
14.06.	ITALIA	4:1	MÉXICO
14.06.	URUGUAY	1:0	URSS

SEMIFINAL

FECHA	EQUIPO	RES.	EQUIPO
17.06.	BRASIL	3:1	URUGUAY
17.06.	ITALIA	4:3	RFA

TERCER PUESTO

FECHA	EQUIPO	RES.	EQUIPO
20.06.	RFA	1:0	URUGUAY

FINAL

FECHA	EQUIPO	RES.	EQUIPO
21.06.	BRASIL	4:1	ITALIA

ENTRADA DEL MUNDIAL 1970

CAMPEÓN: BRASIL

"ES NUESTRA, BRASIL!" ESO ES LO QUE SE LEE EN LA PORTADA DESPUÉS DE QUE BRASIL SE CONSAGRARA CAMPEÓN DEL MUNDO POR TERCERA VEZ. SE LE PERMITIÓ QUEDARSE CON EL TROFEO, SIN EMBARGO, FUE ROBADO UNOS DÍAS MÁS TARDE Y NO APARECIÓ NUNCA

PERIODO
31. 05. 1970–21. 06. 1970

PARTICIPANTES
16 (DE 70 SELECCIONES)

ASISTENTES
1.603.975 (Ø: 50.124 POR PARTIDO)

GOLES
95 (Ø: 2,97 POR PARTIDO)

JUGADORES EN CAMPO
275

GOLES EN CONTRA
0

PARTIDOS
32

GOL MÁS RAPIDO
4 MINUTOS: PETRAS
(CHECOSLOVAQUIA–RUMANIA)

EQUIPO GOLEADOR
BRASIL: 19 GOLES EN 6 PARTIDOS

GOLEADOR
10 GOLES: MÜLLER (RFA
7 GOLES: JAIRZINHO (BRASIL)
5 GOLES: CUBILLAS (PERU)

PREMIO FAIR-PLAY
PERÚ

MEJOR JUGADOR TOP 3
1. PELÉ (BRASIL)
2. GERD MÜLLER (RFA)
3. JAIRZINHO (BRASIL)

T. AMARILLA
33 (Ø: 1,03 POR PARTIDO)

T. ROJA
0

MEJOR ARQUERO
L. MAZURKIEWICZ (URUGUAY)

3 O MÁS GOLES EN UN PARTIDO
3 GOLES: MÜLLER (RFA–BULGARIA),
MÜLLER (RFA–PERÚ)

PENALES
5: TODOS CONVERTIDOS

MEJOR JUGADOR JOVEN
TEÓFILO CUBILLAS,
21 AÑOS (PERÚ)

EQUIPO IDEAL 1970

1974 ALEMANIA FEDERAL

EL GOL DE GERD MÜLLER EN LA FINAL FUE EL MÁS IMPORTANTE DE LOS MUCHOS QUE CONVIRTIÓ EN SU CARRERA FUTBOLÍSTICA

COMO BRASIL, AL HABER GANADO TRES CAMPEONATOS MUNDIALES SE QUEDÓ CON LA COPA JULES RIMET, EN 1974 SE PRESENTÓ UNA NUEVA COPA

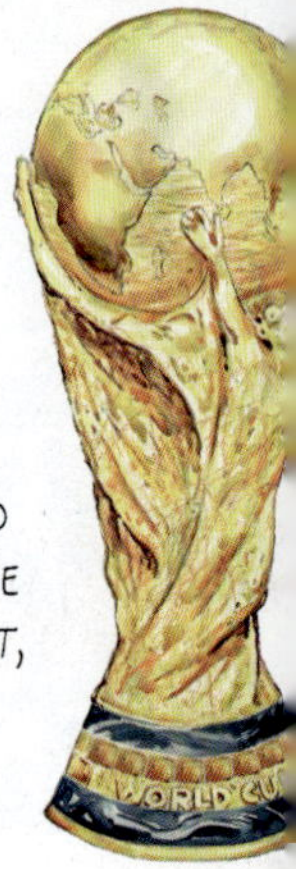

1974 ALEMANIA FEDERAL

"Káiser" contra "Rey", Este contra Oeste, una nueva copa y el primer Mundial con penales. El campeonato, celebrado en la República Federal Alemana (del 13 de junio al 7 de julio), trajo algunas novedades. Por primera vez, el escenario mundial se tiñó de naranja, el color de un seleccionado europeo a tener en cuenta en el futuro.

"Si en mi lápida pusieran 'Hamburgo, 1974', todos sabrían quién yace debajo". Con su cita, Jürgen Sparwasser dio en el clavo. El delantero de la República Democrática Alemana, durante el primer y único encuentro mundialista entre su selección y la de Alemania Federal, consiguió con su gol la victoria histórica por 1-0.

La selección de Países Bajos se situó primera de su grupo y, aunque era su tercer Mundial tras sus presencias en 1934 y 1938, los jugadores dejaron en claro su alto nivel internacional. Siete de ellos formaban parte del Feyenoord y seis del Ajax, equipos que habían arrasado Europa con su táctica ofensiva.

Sin embargo, la estrella fue Johan Cruyff, integrante del FC Barcelona y reconocido como "el Rey de Europa".

También fue legendario el conjunto de Alemania Federal, en el que destacaban cinco jugadores de Borussia Mönchengladbach y siete del FC Bayern, tal el caso de Vogts, Heynckes, Maier, Beckenbauer y Müller.

El primer gol de la final llegó en apenas dos minutos del comienzo, tras un penal ejecutado por Johan Neeskens, y desde entonces es el más rápido jamás marcado en esta instancia. Breitner empató, también desde los 12 pasos y, 18 minutos después, Müller, con el 2-1, daría vuelta el partido, ventaja que conservó el conjunto alemán hasta el pitazo final.

Beckenbauer, el "Káiser", tal como lo apodaban, venció al "Rey" Cruyff. Así, con 60.000 marcos alemanes y un Volkswagen Escarabajo para cada uno, los campeones recibieron el premio más importante desde 1954.

FRANZ BECKENBAUER LEVANTA EL NUEVO TROFEO. UNA ESTATUILLA DE ORO PURO QUE INICIA UNA NUEVA ERA EN LA HISTORIA DEL FÚTBOL MUNDIAL

ALEMANIA LE GANÓ A POLONIA EN LA SEGUNDA FASE GRUPAL BAJO UNA LLUVIA TORRENCIAL QUE INUNDÓ EL CAMPO DE JUEGO

EL POLACO GRZEGORZ LATO GOLEADOR CON SIETE GOLES

¡UY!... ANTES DE DAR COMIENZO A LA FI
LOS ORGANIZADORES SE OLVIDARON
PEQUEÑO DETAL

MWEPU, UN JUGADOR ZAIRENSE QUE SE ENCONTRABA EN LA BARRERA, SALIÓ CORRIENDO INDIGNADO Y PATEÓ LA PELOTA ANTES DE QUE BRAS PUDIERA EJECUTAR EL TIRO LIBRE

EL MUNDIAL 74 y SUS ORIGINALES CORTES DE CABELLO

JAN JONGBLOED

HANS-GEORG SCHWARZENBECK

JOHAN NEESKENS

WIM SUURBIER

PAUL BREITNER

GÜNTER NETZER

EL GOL DE JÜRGEN SPARWASSER DE ALEMANIA ORIENTAL FRENTE A SUS HERMANOS DE OCCIDENTE

EL GRANDIOSO JOHAN CRUYFF FUE, SIN LUGAR A DUDA, EL MEJOR JUGADOR DEL TORNEO DE 1974. SIN EMBARGO, NUNCA LLEGARÍA A SER CAMPEÓN MUNDIAL
14

LOS HOLANDESES LE DAN UN PASEO A LOS ARGENTINOS Y LE GANAN EL LA SEGUNDA FASE DE GRUPOS 4:0.
EL SEGUNDO GOL FUE UN GOL TÍPICO DE CRUYFF

"THE CRUYFF TURN"

BRILLANTE GOL DE VOLEA DE CRUYFF EN LA SEMIFINAL CONTRA BRASIL

LOS CAMPEONES de 1974: ALEMANIA FEDERAL.
FRANZ BECKENBAUER, SEPP MAIER, HANS-GEORG SCHWARZENBECK, RAINER BON
BERND HÖLZENBEIN, JÜRGEN GRABOWSKI, GERD MÜLLER, WOLFGANG OVERATH,
BERTI VOGTS, PAUL BREITNER, ULI HOENESS

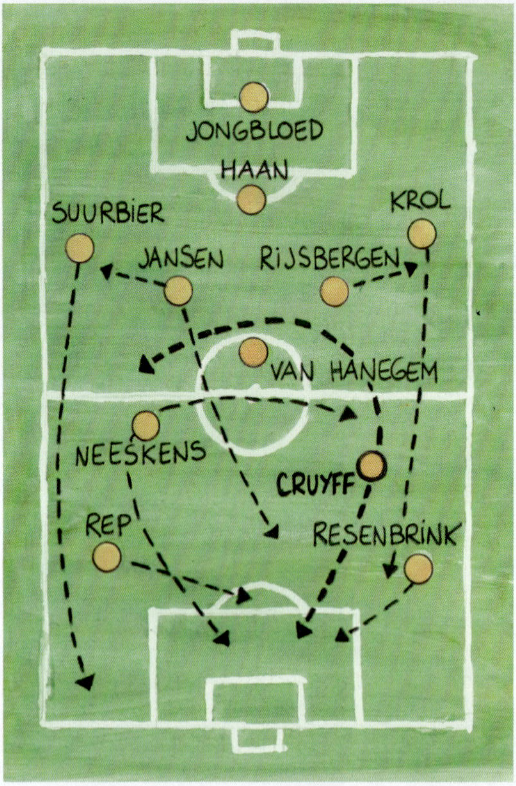

(IZQUIERDA) HOLANDA "LA NARANJA MECÁNICA", Y SU "FÚTBOL TOTAL" QUE SIGNIFICABA QUE TODOS PODÍAN JUGAR EN TODOS LADOS

(DERECHA) GERD MÜLLER FESTEJA SU GOL DEL TRIUNFO EN LA FINAL. SERÍA EL ÚLTIMO TANTO DE 68 CONVERTIDOS EN 62 PARTIDOS INTERNACIONALES

LA FINAL 7 de JULIO de 1974

ALEMANIA FEDERAL 2:1 HOLANDA

OLYMPIASTADION MÜNCHEN
ESPECTADORES: 75.200
ÁRBITRO: JACK TAYLOR (INGLATERRA)

EL ENTRENADOR DE LOS ALEMANES: "EL LARGO" HELMUT SCHÖN

DOS LEYENDAS SE SALUDAN: FRANZ BECKEN-BAUER Y JOHAN CRUYFF ANTES DE LA FiNAL
FUSSBALL WELTMEISTERSCHAFT ENDSPIEL
MiNUTO 1
FOUL DE HOENESS A CRUYFF - ¡PENAL!
0:1 JOHAN NEESKENS
MiNUTO 25
FOUL A HOLZENBEiN - ¡PENAL!
1:1 PAUL BREiTNER
MiNUTO 44
2:1
"DER BOMBER" GiRA Y LE PEGA, CONViRTiENDO EL GOL DE LA ViCTORiA
¡ALEMANiA FEDERAL CAMPEÓN MUNDiAL!

EL MUNDIAL 1974 EN RESUMEN

GRUPO I

FECHA	EQUIPO	RES.	EQUIPO
14.06.	RFA	1:0	CHILE
14.06.	RDA	2:0	AUSTRALIA
18.06.	AUSTRALIA	0:3	RFA
18.06.	CHILE	1:1	RDA
22.06.	AUSTRALIA	0:0	CHILE
22.06.	RDA	1:0	RFA

PTS: RDA 5, RFA 4, CHILE 2, AUSTRALIA 1

GRUPO II

FECHA	EQUIPO	RES.	EQUIPO
13.06.	BRASIL	0:0	YUGOSLAVIA
14.06.	ZAIRE	0:2	ESCOCIA
18.06.	ESCOCIA	0:0	BRASIL
18.06.	YUGOSLAVIA	9:0	ZAIRE
22.06.	ESCOCIA	1:1	YUGOSLAVIA
22.06.	ZAIRE	0:3	BRASIL

PTS: YUGOSLAVIA 4, BRASIL 4, ESCOCIA 4, ZAIRE 0

GRUPO III

FECHA	EQUIPO	RES.	EQUIPO
15.06.	SUECIA	0:0	BULGARIA
15.06.	URUGUAY	0:2	PAÍSES BAJOS
19.06.	PAÍSES BAJOS	0:0	SUECIA
19.06.	BULGARIA	1:1	URUGUAY
23.06.	BULGARIA	1:4	PAÍSES BAJOS
23.06.	SUECIA	3:0	URUGUAY

PTS: PAÍSES BAJOS 5, SUECIA 4, BULGARIA 2, URUGUAY 1

GRUPO IV

FECHA	EQUIPO	RES.	EQUIPO
15.06.	ITALIA	3:1	HAITÍ
15.06.	POLONIA	3:2	ARGENTINA
19.06.	ARGENTINA	1:1	ITALIA
19.06.	HAITÍ	0:7	POLONIA
23.06.	POLONIA	2:1	ITALIA
23.06.	ARGENTINA	4:1	HAITÍ

PTS: POLONIA 6, ARGENTINA 3, ITALIA 3, HAITÍ 0

SEGUNDA RONDA

GRUPO A

FECHA	EQUIPO	RES.	EQUIPO
26.06.	PAÍSES BAJOS	4:0	ARGENTINA
26.06.	BRASIL	1:0	RDA
30.06.	ARGENTINA	1:2	BRASIL
30.06.	RDA	0:2	PAÍSES BAJOS
03.07.	ARGENTINA	1:1	RDA
03.07.	PAÍSES BAJOS	2:0	BRASIL

PTS: PAÍSES BAJOS 6, BRASIL 4, RDA 1, ARGENTINA 1

GRUPO B

FECHA	EQUIPO	RES.	EQUIPO
26.06.	YUGOSLAVIA	0:2	RFA
26.06.	SUECIA	0:1	POLONIA
30.06.	POLONIA	2:1	YUGOSLAVIA
30.06.	RFA	4:2	SUECIA
03.07.	POLONIA	0:1	RFA
03.07.	SUECIA	2:1	YUGOSLAVIA

PTS: RFA 6, POLONIA 4, SUECIA 2, YUGOSLAVIA 0

TERCER PUESTO

FECHA	EQUIPO	RES.	EQUIPO
06.07.	BRASIL	0:1	POLONIA

FINAL

FECHA	EQUIPO	RES.	EQUIPO
07.07.	PAÍSES BAJOS	1:2	RFA

CAMPEÓN: ALEMANIA FEDERAL

ENTRADA DEL MUNDIAL 1974

EL ÓMNIBUS DE LA SELECCIÓN DE ALEMANIA FEDERAL

PARTICIPANTES
16 (DE 99 SELECCIONES)

JUGADORES EN CAMPO
267

GOL MÁS RAPIDO
80 SEGUNDOS: NEESKENS
(PAÍSES BAJOS–RFA)

GOLEADOR
7 GOLES: LATO (POLONIA)
5 GOLES: SZARMACH (POLONIA),
NEESKENS (PAÍSES BAJOS)

MEJOR ARQUERO
SEPP MAIER (RFA)

MEJOR JUGADOR JOVEN
WADYSAW MUDA,
20 AÑOS (POLONIA)

PERIODO
13. 06. 1974–07. 07. 1974

GOLES
97 (Ø: 2,55 POR PARTIDO)

PARTIDOS
38

PREMIO FAIR-PLAY
RFA

T. AMARILLA
87 (Ø: 2,29 POR PARTIDO)
T. ROJA
5 (Ø: 0,13 POR PARTIDO)

3 O MÁS GOLES EN UN PARTIDO
3 GOLES: BAJEVI (YUGOSLAVIA–ZAIRE)
SZARMACH (POLONIA–HAITÍ)

ASISTENTES
1.865.753 (Ø: 49.099 POR PARTIDO)

GOLES EN CONTRA
4

EQUIPO GOLEADOR
POLONIA: 16 GOLES EN 7 PARTIDOS

MEJOR JUGADOR TOP 3
1. JOHAN CRUYFF (PAÍSES BAJOS)
2. FRANZ BECKENBAUER (RFA)
3. GRZEGORZ LATO (POLONIA), JOHAN NEESKENS (PAÍSES BAJOS)

PENALES
8: 6 CONVERTIDOS,
2 ATAJADOS

EQUIPO IDEAL 1974

1978 ARGENTINA

LA LLUVIA DE PAPELITOS. UNO DE LOS RECUERDOS MÁS HERMOSOS DEL MUNDIAL 1978

1978 ARGENTINA

La XI Copa del Mundo se desarrolló en Argentina, entre el 1 y el 25 de junio de 1978, y volvía así a Sudamérica por primera vez desde 1962. El torneo fue disputado en seis estadios, repartidos en las ciudades de Buenos Aires, Rosario, Mar del Plata, Córdoba y Mendoza.
La pelota oficial sufrió un cambio revolucionario con la aparición de la Adidas Tango, que se convirtió en un clásico del diseño; contaba con mayor impermeabilización y perduraría durante cinco mundiales consecutivos, con sus distintas evoluciones.

En su momento se dijo que Cruyff no quiso viajar a la Argentina por la dictadura que gobernaba el país, y años después aclaró que no lo hizo por las secuelas que le dejó el secuestro que sufrió en 1977, en Barcelona, lo que le hizo temer por su destino y el de su familia. No obstante, sus compañeros se comprometieron, en caso de ganar el título, a no recibir la copa en señal de repudio al gobierno local.

El hit de Udo Jürgens, "Buenos días Argentina", con el que la Selección de Alemania Federal acompañaba a coro, sonaba a todas horas en las radios germanas. Sin embargo, protagonizaron dos empates a cero con Polonia y Túnez, y tras otros dos empates en la fase intermedia, Austria le ganó 3-2 y la mandó a casa prematuramente en lo que se denominó "La humillación de Córdoba".

Por el contrario, el último subcampeón, Países Bajos (Holanda) hizo todo como debía: un fulminante tiro de Arie Haan los metió en la final en busca del ansiado título.

Luego de vencer 2-0 a Polonia y empatar sin goles con Brasil, para llegar a la final en el Estadio Monumental, los argentinos debían golear a Perú en la fase intermedia por una diferencia de al menos cuatro tantos. El local consiguió un abrumador 6-0 y hasta hoy circula la versión de que los jugadores peruanos sufrieron presiones, manchando de sospechas un encuentro decisivo. A su vez, los brasileros se volvieron con las manos vacías a pesar de su invicto, por tener menor diferencia de gol.

Mario Kempes "El Matador", rindió tributo a su apodo y en la final convirtió dos tantos que le dieron al equipo conducido por César Luis Menotti una ventaja determinante (3-1 en tiempo suplementario) para llevar a Argentina a su primera estrella, y desatar la alegría en un pueblo que se animó a salir masivamente a las calles a festejar.

MARIO KEMPES, "EL MATADOR", GOLEADOR DEL MUNDIAL CON SEIS GOLES, FESTEJA SU GOL EN LA FINAL CONTRA HOLANDA Y UNE A TODOS LOS ARGENTINOS EN UN GRITO DE ALEGRÍA

ARCHIE GEMMILL

EL DEL ESCOCÉS GEMMILL ANTE PAÍSES BAJOS ES CONSIDERADO UNO DE LOS 5 MEJORES GOLES DE LA HISTORIA DE LOS MUNDIALES

GOL MUNDIALISTA NÚMERO 1.000

¡DE PENAL! EL GOL DE ROB RENSENBRINK PARA PAÍSES BAJOS EN EL PARTIDO CONTRA ESCOCIA FUE EL NÚMERO 1.000 DE LOS MUNDIALES

GALÉS CLIVE THOMAS SE TOMÓ EL REGLAMENTO MUY AL PIE DE LA LETRA: DIO
PITADA FINAL EN EL MOMENTO EN QUE EL BRASILEÑO ZICO CABECEÓ
PECABLEMENTE EL BALÓN EN EL ARCO DE SUECIA, DECRETANDO EL 1-1.
N EMBARGO, ¡PARA EL ÁRBTIRO EL GOL NO FUE VÁLIDO!

EN EL PARTIDO ANTE HUNGRÍA EL EQUIPO DE FRANCIA OLVIDÓ LLEVAR CAMISETAS ALTERNATIVAS Y, ANTE LA URGENCIA, DEBIÓ JUGAR CON LAS DEL EQUIPO ARGENTINO CLUB ATLÉTICO KIMBERLEY DE MAR DEL PLATA

EL DT ARGENTINO, CÉSAR LUIS MENOTTI DECEPCIONA PROFUNDAMENTE A MARADONA, DE 17 AÑOS, AL NO CONVOCARLO PARA EL MUNDIAL EN SU PROPIO PAÍS

EL ESPECTACULAR CAÑONAZO DE ARIE HAAN, SORPRENDIÓ A DINO ZOFF DE TAL MANERA, QUE FUERON LOS HOLANDESES Y NO LOS ITALIANOS QUIENES PASARON A LA FINAL

Y UNA VEZ MÁS ZOFF SE VIO SORPRENDIDO... ESTA VEZ POR EL TIRO (CON EFECTO BANANA) DE NELINHO, EN EL PARTIDO POR EL TERCER PUESTO

DANIEL PASSARELLA, EL CAPITÁN DEL EQUIPO ARGENTINO, LEVANTA LA COPA Y Y DESATA LA ALEGRÍA DE TODO UN PAÍS

LOS CAMPEONES de 1978: ARGENTINA.
ARRIBA: DANIEL PASSARELLA, DANIEL BERTONI, JORGE OLGUIN, ALBERTO TARAN
MARIO KEMPES, UBALDO FILLOL. ABAJO: AMÉRICO GALLEGO, OSVALDO ARDÍLES,
LEOPOLDO LUQUE, OSCAR ORTÍZ, LUIS GALVÁN

ARGENTINA 6:0 PER

PARA LLEGAR A LA FINAL, ARGENTINA DEBÍA MARCAR AL MENOS CUATRO GOLES ANTE PERÚ. GANÓ 6-0 Y, CASUALMENTE, EL ARQUERO PERUANO RAMÓN QUIROGA, HABÍA NACIDO EN ARGENTINA, MÁS PRECISAMENTE EN ROSARIO, CIUDAD EN LA QUE SE JUGÓ EL PARTIDO DE LA POLÉMICA

EL "FLACO" MENOTTI, DIRECTOR TÉCNICO DE ARGENTINA, FUMADOR EMPEDERNIDO, MEZCLÓ EN SU TÁCTICA LA ALEGRÍA SUDAMERICANA CON LA DISCIPLINA EUROPEA

LA FINAL 25 de JUNIO de 1978

ARGENTINA 3:1 HOLANDA (PRÓRROGA)

ESTADIO MONUMENTAL, BUENOS AIRES
ESPECTADORES: 71.483
ÁRBITRO: SERGIO GONELLA (ITALIA)

1:0
KEMPES SE METE ENTRE LA DEFENSA HOLANDESA Y DEFINE TIRÁNDOSE AL PISO
MINUTO 37
1:1
HANNIGA CABECEA Y CONVIERTE EL EMPATE PARA HOLANDA
MINUTO 81
MINUTO 90
RENSENBRINK... ...¡¡¡PAAAALO!!!
ALARGUE
2:1
KEMPES
MINUTO 105
3:1
BERTONI CONVIERTE DESPUÉS DE UNA PARED CON KEMPES
MINUTO 115
¡ARGENTINA CAMPEÓN!
ACZEL

EL MUNDIAL 1978 EN RESUMEN

GRUPO 1

FECHA	EQUIPO	RES.	EQUIPO
02.06.	ITALIA	2:1	FRANCIA
02.06.	ARGENTINA	2:1	HUNGRÍA
06.06.	ITALIA	3:1	HUNGRÍA
06.06.	ARGENTINA	2:1	FRANCIA
10.06.	FRANCIA	3:1	HUNGRÍA
10.06.	ITALIA	1:0	ARGENTINA

PTS: ITALIA 6, ARGENTINA 4, FRANCIA 2, HUNGRÍA 0

GRUPO 2

FECHA	EQUIPO	RES.	EQUIPO
01.06.	RFA	0:0	POLONIA
02.06.	TÚNEZ	3:1	MÉXICO
06.06.	POLONIA	1:0	TÚNEZ
06.06.	RFA	6:0	MÉXICO
10.06.	RFA	0:0	TÚNEZ
10.06.	POLONIA	3:1	MÉXICO

PTS: POLONIA 5, RFA 4, TÚNEZ 3, MÉXICO 0

GRUPO 3

FECHA	EQUIPO	RES.	EQUIPO
03.06.	SUECIA	1:1	BRASIL
03.06.	AUSTRIA	2:1	ESPAÑA
07.06.	AUSTRIA	1:0	SUECIA
07.06.	BRASIL	0:0	ESPAÑA
11.06.	BRASIL	1:0	AUSTRIA
11.06.	ESPAÑA	1:0	SUECIA

PTS: AUSTRIA 4, BRASIL 4, ESPAÑA 3, SUECIA 1

GRUPO 4

FECHA	EQUIPO	RES.	EQUIPO
03.06.	PAÍSES BAJOS	3:0	IRÁN
03.06.	PERÚ	3:1	ESCOCIA
07.06.	ESCOCIA	1:1	IRÁN
07.06.	PAÍSES BAJOS	0:0	PERÚ
11.06.	ESCOCIA	3:2	PAÍSES BAJOS
11.06.	PERÚ	4:1	IRÁN

PTS: PERÚ 5, PAÍSES BAJOS 3, ESCOCIA 3, IRÁN 1

SEGUNDA RONDA

GRUPO A

FECHA	EQUIPO	RES.	EQUIPO
14.06.	RFA	0:0	ITALIA
14.06.	PAÍSES BAJOS	5:1	AUSTRIA
18.06.	ITALIA	1:0	AUSTRIA
18.06.	RFA	2:2	PAÍSES BAJOS
21.06.	PAÍSES BAJOS	2:1	ITALIA
21.06.	AUSTRIA	3:2	RFA

PTS: PAÍSES BAJOS 5, ITALIA 3, RFA 2, AUSTRIA 2

GRUPO B

FECHA	EQUIPO	RES.	EQUIPO
14.06.	BRASIL	3:0	PERÚ
14.06.	ARGENTINA	2:0	POLONIA
18.06.	POLONIA	1:0	PERÚ
18.06.	ARGENTINA	0:0	BRASIL
21.06.	BRASIL	3:1	POLONIA
21.06.	ARGENTINA	6:0	PERÚ

PTS: ARGENTINA 5, BRASIL 5, POLONIA 2, PERÚ 0

TERCER PUESTO

FECHA	EQUIPO	RES.	EQUIPO
24.06.	BRASIL	2:1	ITALIA

FINAL

FECHA	EQUIPO	RES.	EQUIPO
25.06.	ARGENTINA	3:1 (T.S.)	PAÍSES BAJOS

CAMPEÓN: ARGENTINA

ENTRADA DEL MUNDIAL 1978

CARTEL DEL ESTADIO MONUMENTAL

PERIODO
01. 06. 1978–25. 06. 1978

PARTICIPANTES
16 (DE 106 SELECCIONES)

ASISTENTES
1.545.791 (Ø: 40.679 POR PARTIDO)

GOLES
102 (Ø: 2,68 POR PARTIDO)

JUGADORES EN CAMPO
278

GOLES EN CONTRA
3

GOL MÁS RAPIDO
31 SEGUNDOS: BERNARD LACOMBE (FRANCIA–ITALIA)

PARTIDOS
38

EQUIPO GOLEADOR
ARGENTINA Y PAÍSES BAJOS: AMBOS 15 GOLES EN 7 PARTIDOS

PREMIO FAIR-PLAY
ARGENTINA

GOLEADOR
6 GOLES: KEMPES (ARGENTINA)
5 GOLES: CUBILLAS (PERÚ), RENSENBRINK (PAÍSES BAJOS)

MEJOR JUGADOR TOP 3
1. MARIO KEMPES (ARGENTINA)
2. TEÓFILO CUBILLAS (PERÚ)
3. ROB RENSENBRINK (PAÍSES BAJOS)

T. AMARILLA
58 (Ø: 1,53 POR PARTIDO)

T. ROJA
3 (Ø: 0,08 POR PARTIDO)

MEJOR ARQUERO
UBALDO FILLOL (ARGENTINA)

3 O MÁS GOLES EN UN PARTIDO
3 GOLES: RENSENBRINK (2 DE PENAL, PAÍSES BAJOS–IRÁN), CUBILLAS (2 DE PENAL, PERÚ–IRÁN)

PENALES
14: 12 CONVERTIDOS, 2 ERRADOS

MEJOR JUGADOR JOVEN
ANTONIO CABRINI, 20 AÑOS (ITALIA)

EQUIPO IDEAL 1978

GO
AcZEL

1982 ESPAÑA

MARCO TARDELLI FESTEJA ALOCADAMENTE, MÁS QUE UN GOL CELEBRA UN CAMPEONATO: "TODA LA VIDA ME PASÓ POR DELANTE DE LOS OJOS", DECLARÓ

1982 ESPAÑA

Era la primera vez que jugaban 24 equipos y, para asombro de todos, la "Naranja mecánica" holandesa (subcampeona en 1974 y 1978), no logró clasificarse. Curiosamente, Italia y Alemania Federal, dos selecciones que no habían jugado bien en la fase inicial, se enfrentarían en la final de un Mundial disputado entre el 13 de junio y el 11 de julio.

Los hinchas alemanes no podían disimular su disgusto al ver cómo su equipo perdía 1-2 con Argelia en su primer partido, pero lo verdaderamente escandaloso fue el encuentro ante Austria; como con una victoria por la mínima les alcanzaba para que ambos avanzaran a la segunda fase, hubo un "pacto de no agresión" que hizo al encuentro tedioso y aburrido. La victoria por 10-1 de Hungría sobre El Salvador es aún hoy la más abultada en la historia de la Copa del Mundo. Argentina apenas tuvo algunos destellos de la magia de Diego Armando Maradona, quien debutó en Mundiales. El 10 recibió muchas faltas, cayó en la impotencia y se fue expulsado ante Brasil en segunda fase. Precisamente al conjunto brasilero, gran favorito al título, le bastaba con un empate ante Italia para avanzar a semifinales pero decidió apelar al "jogo bonito" y no recurrir a una táctica defensiva contra un delantero implacable como Paolo Rossi, que pasó a la historia al marcar un triplete, con el 3-2 definitivo como broche.

En el intenso partido de semifinal de Alemania Federal con Francia se vivió un momento dramático, cuando el arquero Harald Schumacher embistió a Patrick Battiston y lo dejó inconsciente, obligándolo a abandonar el campo. Los galos ganaban 3-1 en la prórroga hasta que Karl-Heinz Rummenigge y Klaus Fischer pusieron el empate, y por primera vez se vivió una definición desde el punto del penal, con triunfo de los alemanes. Debilitada tras esa dura batalla, se enfrentó en la final a la sorprendente Italia que se alzó con el triunfo por 3-1 gracias a un doblete de Rossi y Tardelli, todos conquistados en la segunda parte. Los azzurri se alzaron con la copa, regresó así a las vitrinas europeas.

¡LA VIDA EMPIEZA A LOS 40! DINO ZOFF DIO ESPERANZA A MILLONES DE HOMBRES AL SALIR CAMPEÓN A ESA EDAD

EL PRESIDENTE DE LA ASOCIACIÓN DE FÚTBOL KUWAITÍ, EL JEQUE AL-AHMAD AL-SABAH LE ORDENA A SU EQUIPO ABANDONAR EL CAMPO DE JUEGO, LUEGO DE UN CONTROVERTIDO GOL DE FRANCIA. EL ÁRBITRO CAMBIÓ DE OPINIÓN ¡Y LO ANULÓ!

EL TANTO DE BELLOUMI LE POSIBILITÓ A ARGELIA EL 2:1 CONTRA ALEMANIA FEDERAL Y DAR LA SORPRESA EN EL ARRANQUE DEL GRUPO 2

LOS ALEMANES PASARON A LA RUEDA SIGU DESPUÉS DE UN PATÉTICO PARTIDO FRENTE AUS COMO LOS AUSTRÍACOS YA ESTABAN CLASIFICAD ALEMANIA SÓLO NECESITABA UN 1:0, LOS DOS EQU SE PUSIERON DE ACUERDO EN NO ATAC

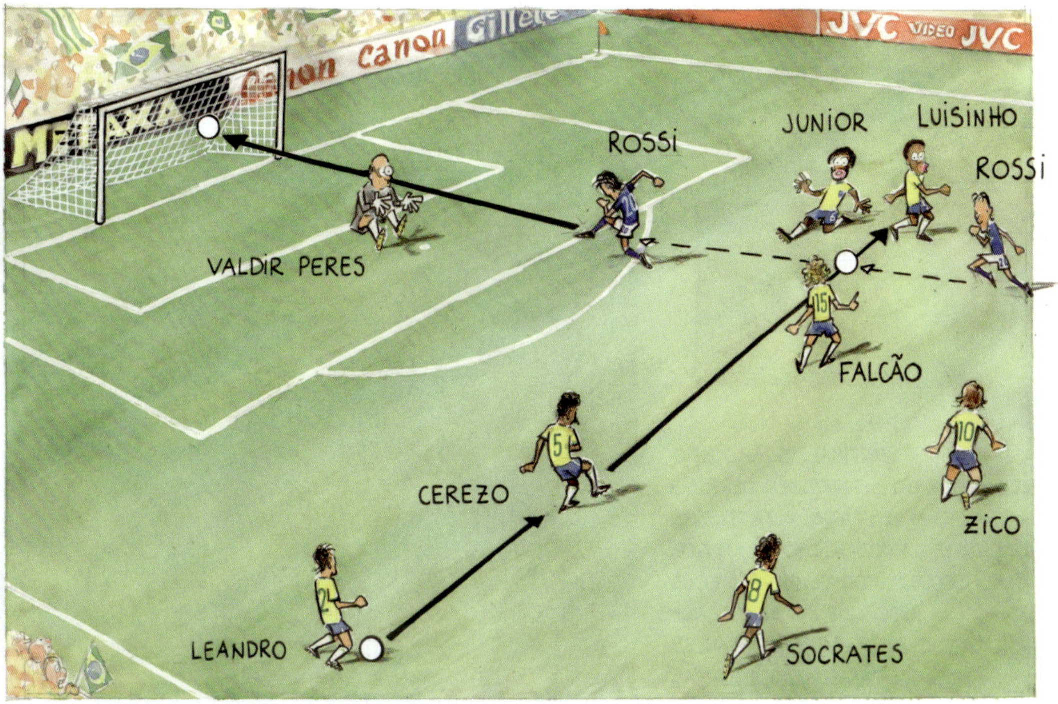

BRASIL ERA EL GRAN FAVORITO, PERO SU FLOJA DEFENSA LE COSTÓ EL TÍTULO. AQUÍ CEREZO HACE UN PASE ERRADO QUE ES APROVECHADO POR ROSSI Y LE POSIBILITA A ITALIA LA VICTORIA POR 3:2

PAOLO ROSSI (GOLEADOR CON 6 GOLES) CRITICADO EN LA PRIMERA ETAPA DEL MUNDIAL, VUELVE CON TUTTI Y DEJA AFUERA AL MEJOR EQUIPO DEL TORNEO HASTA ESE MOMENTO: BRASIL

EN LA SEMIFINAL, EL ARQUERO ALEMÁN HARALD SCHUMACHER DERRIBÓ AL FRANCÉS PATRICK BATTISTON QUITÁNDOLE LA POSIBILIDAD DE UN GOL CASI SEGURO. POR EL BRUTAL FOUL HUBO QUE SUMINISTRARLE OXÍGENO AL DELANTERO FRANCÉS Y EL CAPITÁN PLATINI DIJO MÁS TARDE QUE HABÍA CREÍDO QUE SU COMPAÑERO ESTABA MUERTO. CUANDO SCHUMACHER SE ENTERÓ DE QUE BATTISTON HABÍA PERDIDO TRES DIENTES SE OFRECIÓ A PAGARLE LAS CORONAS... EL ÁRBITRO SÓLO COBRÓ SAQUE DE ARCO

ACZEL

LOS CAMPEONES de 1982: ITALIA.
ARRIBA: DINO ZOFF, FRANCESCO GRAZIANI, GIUSEPPE BERGOMI, GAETANO SCIREA, FULVIO COLLOVATI, CLAUDIO GENTILE. ABAJO: BRUNO CONTI, PAOLO ROSSI, GABRIELE ORIALI, ANTONIO CABRINI, MARCO TARDELLI

EL CAPITÁN FRANCÉS MICHEL PLATINI, FUE UN JUGADOR EXCEPCIONAL PERO SU PUNTO CULMINANTE EN LOS MUNDIALES FUE LA SEMIFINAL PERDIDA CONTRA LOS ALEMANES

LA FINAL 11 de JULIO de 1982

ITALIA 3:1 ALEMANIA FEDERAL

ESTADIO SANTIAGO BERNABEU, MADRID
ESPECTADORES: 90.000
ÁRBITRO: ARNALDO CEZAR COELHO (BRASIL)

EL DT ENZO BEARZOT Y SU FILOSOFÍA DE ATAQUE MUY POCO ITALIANA, LLEVÓ A LOS AZZURRI A GANAR SU TERCER CAMPEONATO MUNDIAL

MINUTO 24
BRIEGEL COMETE PENAL A CONTI !
CABRINI SE LO ERRA
1:0
ROSSI DE CABEZA
MINUTO 57
calculators
Gillette Gillette
2:0
TARDELLI
MINUTO 69
3:0
ALTOBELLI
MINUTO 82
COCA-CO
3:1
BREITNER. GOL DE HONOR
MINUTO 83

EL MUNDIAL 1982 EN RESUMEN

GRUPO 1

FECHA	EQUIPO	RES.	EQUIPO
14.06.	ITALIA	0:0	POLONIA
15.06.	PERÚ	0:0	CAMERÚN
18.06.	ITALIA	1:1	PERÚ
19.06.	POLONIA	0:0	CAMERÚN
22.06.	POLONIA	5:1	PERÚ
23.06.	ITALIA	1:1	CAMERÚN

PTS: POLONIA 4, ITALIA 3, CAMERÚN 3, PERÚ 2

GRUPO 2

FECHA	EQUIPO	RES.	EQUIPO
16.06.	RFA	1:2	ARGELIA
17.06.	CHILE	0:1	AUSTRIA
20.06.	RFA	4:1	CHILE
21.06.	ARGELIA	0:2	AUSTRIA
24.06.	ARGELIA	3:2	CHILE
25.06.	RFA	1:0	AUSTRIA

PTS: RFA 4, AUSTRIA 4, ARGELIA 4, CHILE 0

GRUPO 3

FECHA	EQUIPO	RES.	EQUIPO
13.06.	ARGENTINA	0:1	BÉLGICA
15.06.	HUNGRÍA	10:1	EL SALVADOR
18.06.	ARGENTINA	4:1	HUNGRÍA
19.06.	BÉLGICA	1:0	EL SALVADOR
22.06.	BÉLGICA	1:1	HUNGRÍA
23.06.	ARGENTINA	2:0	EL SALVADOR

PTS: BÉLGICA 5, ARGENTINA 4, HUNGRÍA 3, EL SALVADOR 0

GRUPO 4

FECHA	EQUIPO	RES.	EQUIPO
16.06.	INGLATERRA	3:1	FRANCIA
17.06.	CHECOLOVAQUIA	1:1	KUWAIT
20.06.	INGLATERRA	2:0	CHECOSLOVAQUIA
21.06.	FRANCIA	4:1	KUWAIT
24.06.	FRANCIA	1:1	CHECOSLOVAQUIA
25.06.	INGLATERRA	1:0	KUWAIT

PTS: INGLATERRA 6, FRANCIA 3, CHECOSL. 2, KUWAIT 1

GRUPO 5

FECHA	EQUIPO	RES.	EQUIPO
16.06.	ESPAÑA	1:1	HONDURAS
17.06.	YUGOSLAVIA	0:0	REP. IRLANDA D. N.
20.06.	ESPAÑA	2:1	YUGOSLAVIA
21.06.	HONDURAS	1:1	REP. IRLANDA D. N.
24.06.	HONDURAS	0:1	YUGOSLAVIA
25.06.	R. IRLANDAA D. N.	1:0	ESPAÑA

PTS: REP. IRLANDA D. N. 4, ESPAÑA 3, YUGOSLAVIA 3, HONDURAS 2

GRUPO 6

FECHA	EQUIPO	RES.	EQUIPO
14.06.	BRASIL	2:1	URSS
15.06.	ESCOCIA	5:2	NUEVA ZELANDA
18.06.	BRASIL	4:1	ESCOCIA
19.06.	URSS	3:0	NUEVA ZELANDA
22.06.	URSS	2:2	ESCOCIA
23.06.	BRASIL	4:0	NUEVA ZELANDA

PTS: BRASIL 6, URSS 3, ESCOCIA 3, NUEVA ZELANDA 0

SEGUNDA RONDA

GRUPO A

FECHA	EQUIPO	RES.	EQUIPO
28.06.	POLONIA	3:0	BÉLGICA
01.07.	BÉLGICA	0:1	URSS
04.07.	POLONIA	0:0	URSS

PTS: POLONIA 3, URSS 3, BÉLGICA 0

GRUPO B

FECHA	EQUIPO	RES.	EQUIPO
29.06.	RFA	0:0	INGLATERRA
02.07.	RFA	2:1	ESPAÑA
05.07.	ESPAÑA	0:0	INGLATERRA

PTS: RFA 3, INGLATERRA 2, ESPAÑA 1

GRUPO C

FECHA	EQUIPO	RES.	EQUIPO
29.06.	ITALIA	2:1	ARGENTINA
02.07.	ARGENTINA	1:3	BRASIL
05.07.	ITALIA	3:2	BRASIL

PTS: ITALIA 4, BRASIL 2, ARGENTINA 0

GRUPO D

FECHA	EQUIPO	RES.	EQUIPO
28.06.	AUSTRIA	0:1	FRANCIA
01.07.	AUSTRIA	2:2	REP. IRLANDA D. N.
04.07.	FRANCIA	4:1	REP. IRLANDA D. N.

PTS: FRANCIA 4, AUSTRIA 1, REP. IRLANDA D. N. 1

SEMIFINAL

FECHA	EQUIPO	RES.	EQUIPO
08.07.	POLONIA	0:2	ITALIA
08.07.	RFA	3:3 T.S., 5:4 P.	FRANCIA

TERCER PUESTO

FECHA	EQUIPO	RES.	EQUIPO
10.07.	POLONIA	3:2	FRANCIA

FINAL

FECHA	EQUIPO	RES.	EQUIPO
11.07.	ITALIA	3:1	RFA

CAMPEÓN: ITALIA

ENTRADA DEL MUNDIAL 1982

PARTICIPANTES
24 (DE 107 SELECCIONES)

PERIODO
13. 06. 1982–11. 07. 1982

ASISTENTES
2.109.723 (Ø: 40.572 POR PARTIDO)

JUGADORES EN CAMPO
396

GOLES
146 (Ø: 2,81 POR PARTIDO)

GOLES EN CONTRA
1

GOL MÁS RÁPIDO
27 SEGUNDOS: BRYAN ROBSON
(INGLATERRA–FRANCIA)

PARTIDOS
52

EQUIPO GOLEADOR
FRANCIA: 16 GOLES
EN 7 PARTIDOS

GOLEADOR
BOTA DE ORO, 6 GOLES
PRFALO ROSSI (ITALIA)
BOTA DE PLATA, 5 GOLES
KARL-HEINZ RUMMENIGGE (RFA)
BOTA DE BRONCE, 4 GOLES
ZICO (BRASIL)

PREMIO FAIR-PLAY
BRASIL

MEJOR JUGADOR TOP 3
BALÓN DE ORO
PRFALO ROSSI (ITALIA)
BALÓN DE PLATA
FALCÃO (BRASIL)
BALÓN DE BRONCE
KARL-HEINZ RUMMENIGGE (RFA)

T. AMARILLA
98 (Ø: 1,88 POR PARTIDO)

T. ROJA
5 (Ø: 0,1 POR PARTIDO)

MEJOR ARQUERO
DINO ZOFF (ITALIA)

3 O MÁS GOLES EN UN PARTIDO
3 GOLES: RUMMENIGGE (RFA–CHILE),
LASZLO KISS (HUNGRÍA–EL SALVADOR),
BONIEK (POLONIA–BÉLGICA)
ROSSI (ITALIA–BRASIL)

PENALES
10: 8 CONVERTIDOS,
2 ERRADOS

MEJOR JUGADOR JOVEN
MANUEL AMOROS,
21 AÑOS (FRANCIA)

EQUIPO IDEAL 1982

1
10

1986 MÉXICO

MARADONA, EL DIOS DEL FÚTBOL PARA LOS ARGENTINOS, GANÓ EL MUNDIAL PRÁCTICAMENTE JUGANDO SOLO. PERO ÉL INSISTÍA EN DECIR: "SOMOS TODOS"

1986 MÉXICO

No caben dudas: "el Diez" fue el símbolo del segundo Mundial celebrado en México, del 31 de mayo al 29 de junio. El torneo quedará en la historia como el del mayor espectáculo de un hombre en la cancha pero quizás también porque Dios puso su mano...

Fue la primera Copa del Mundo con 24 equipos y con segunda fase de 16, y en donde el campeón Italia -que fue víctima de un golazo de Maradona- decepcionó al caer prematuramente ante Francia. En cuartos de final, "Les Bleus" se toparon con Brasil y tras un vibrante 1-1 que se mantuvo en la prórroga, los penales fueron decisivos y dramáticos: a pesar de que Platini desvió su remate, los europeos alcanzaron las semifinales 4-3.

El segundo partido de cuartos disputado entre Argentina e Inglaterra se ganó un capítulo especial. A los 6 minutos del segundo tiempo, Shilton salió a despejar una pelota y Maradona (1,65 m) saltó, la tocó antes con su puño izquierdo y la pasó por encima del arquero. "Lo hice un poquito con la cabeza y un poquito con la mano de Dios", declaró luego. Sin embargo, esa jugada polémica quedaría eclipsada apenas cuatro minutos después, cuando le regaló al mundo una corrida memorable llena de gambetas, con la que dejó clavados a sus rivales y que se transformó en "El gol del siglo". "¡Barrilete cósmico! ¿De qué planeta viniste...?", se preguntó entre lágrimas el relator uruguayo Víctor Hugo Morales.

Mientras tanto, en las otras llaves, se sucedieron empates que desembocaron en definiciones desde el punto del penal: Bélgica 1-1 (5-4) eliminó a España, y México casi da el batacazo ante Alemania Federal, que ganó 4-1 tras un dramático 0-0. En semis, los belgas -de gran torneo- se toparon con un Maradona brillante y cayeron 2-0, mientras que los alemanes hicieron lo propio con los galos.

La cita del 29 junio tenía a dos potencias representando dos estilos de juego: la fortaleza europea y el potrero sudamericano, al que Carlos Bilardo le sumó orden táctico. Matthäus anuló Diego y lo maniató, pese a lo cual Argentina logró ponerse 2-0 en el marcador, hasta que Rummenigge y Völler empataron a falta de 8 minutos. Sin embargo, había tiempo para que el mago frotara la lámpara una vez más: en el minuto 85, un pase de Maradona y que definió Burruchaga convirtió los sueños en realidad: 3-2 y campeones del mundo ¡por segunda vez!

"LA MANO DE DIOS"

EL GOL DE SIGLO RELATADO POR VÍCTOR HUGO MORALES: "AHÍ LA TIENE MARADONA, LO MARCAN DOS, PISA LA PELOTA MARADONA. ARRANCA POR LA DERECHA EL GENIO DEL FÚTBOL MUNDIAL, Y DEJA AL TERCERO, PUEDE TOCAR PARA BURRUCHAGA... SIEMPRE MARADONA... ¡GENIO! ¡GENIO! ¡GENIO! TA-TA-TA-TA-TA-TA-TA... ¡GOOOOOOLLL! ¡GOOOOOOLLL! ¡QUIERO LLORAR! ¡DIOS SANTO! ¡VIVA EL FÚTBOL! ¡GOLAAZO! ¡DIEGOOOOOL! ¡MARADOOONA! ¡ES PARA LLORAR, PERDÓNENME! ¡MARADONA, EN UNA CORRIDA MEMORABLE,

EN LA JUGADA DE TODOS LOS TIEMPOS! ¡BARRILETE CÓSMICO! ¿DE QUÉ PLANETA VINISTE? PARA DEJAR EN EL CAMINO TANTO INGLÉS, PARA QUE EL PAÍS SEA UN PUÑO APRETADO, GRITANDO POR ARGENTINA... ARGENTINA DOS; INGLATERRA CERO. DIEGOL, DIEGOL, DIEGO ARMANDO MARADONA! GRACIAS DIOS, POR EL FÚTBOL, POR MARADONA, POR ESTAS LÁGRIMAS, POR ESTE... ARGENTINA DOS INGLATERRA CERO"

EL JUGADOR INGLÉS GARY LINEKER, GOLEADOR CON SEIS TANTOS

UNA CARACTERÍSTICA DE ESTE MUNDIAL FUE LA IMPLEMENTACIÓN DE "LA OLA MEXICANA" QUE A PARTIR DE ALLÍ, SE HIZO COSTUMBRE EN TODO EVENTO DEPORTIVO

EN EL DÍA DE SU CUMPLEAÑOS, MICHEL PLATINI BESA LA PELOTA ANTES DE PATEAR SU PENAL ANTE BRASIL, PERO SEGUNDOS DESPUÉS LA TIRÓ POR ARRIBA DEL TRAVESAÑO. SIN EMBARGO, FRANCIA GANÓ 4:3. EN LA SEMIFINAL, "LES BLEUS" FUERON ENVIADOS A CASA POR ALEMANIA POR SEGUNDA VEZ CONSECUTIVA

AFA
le coq sportif
reusch
2
9

LOS CAMPEONES de 1986: ARGENTINA. ARRIBA: SERGIO BATISTA, JOSÉ CUCIUFFO, JULIO OLARTICOECHEA, NERY PUMPIDO, JOSÉ BROWN, OSCAR RUGGERI, DIEGO MARAD
ABAJO: JORGE BURRUCHAGA, RICARDO GIUSTI, HÉCTOR ENRIQUE, JORGE VALDANO

MARADONA CONVIERTE CONTRA BÉLGICA OTRO GOLAZO INOLVIDABLE

EN LA PREVIA DEL MUNDIAL, EL DT DE ARGENTINA, CARLOS BILARDO, ERA CRITICADO POR SU TÁCTICA DEFENSIVA, LOS MALOS RESULTADOS Y UNA CLASIFICACIÓN AGÓNICA. LUEGO DE LA OBTENCIÓN DE LA COPA DEL MUNDO APARECIERON BANDERAS CON LA LEYENDA: "PERDÓN BILARDO"

LA FINAL 29 de JUNIO de 1986

ARGENTINA 3:2 ALEMANIA FEDERAL

ESTADIO AZTECA, CIUDAD DE MÉXICO
ESPECTADORES: 114.600
ÁRBITRO: ROMUALDO ARPPI FILHO (BRASIL)

1:0
¡MÍA! SCHUMACHER VUELA A CAZAR MARIPOSAS Y BROWN CABECEA AL ARCO VACÍO
MINUTO 23
2:0
VALDANO
MINUTO 55
2:1
RUMMENIGGE LLEGA JUSTO
MINUTE 78
2:2
VÖLLER EMPATA
MINUTO 82
3:2
DE CONTRAATAQUE, UNA PINCELADA DEL DIEGO LE PERMITE A BURRUCHAGA MARCAR EL GOL DEL TRIUNFO
OPEL
MINUTO 85
ACZEL
MINUTO 90
ARADONA VUELA, PERO NO
AY PENAL
ARGENTINA Y MARADONA CAMPEONES MUNDIALES
CHUICK!

EL MUNDIAL 1986 EN RESUMEN

GRUPO A

FECHA	EQUIPO	RES.	EQUIPO
31.05.	BULGARIA	1:1	ITALIA
02.06.	ARGENTINA	3:1	COREA DEL SUR
05.06.	ITALIA	1:1	ARGENTINA
05.06.	COREA DEL SUR	1:1	BULGARIA
10.06.	ARGENTINA	2:0	BULGARIA
10.06.	COREA DEL SUR	2:3	ITALIA

PTS: ARGENTINA 5, ITALIA 4, BULGARIA 2, COREA DEL SUR 0

GRUPO B

FECHA	EQUIPO	RES.	EQUIPO
03.06.	BÉLGICA	1:2	MÉXICO
04.06.	PARAGUAY	1:0	IRAK
07.06.	MÉXICO	1:1	PARAGUAY
08.06.	IRAK	1:2	BÉLGICA
11.06.	PARAGUAY	2:2	BÉLGICA
11.06.	IRAK	0:1	MÉXICO

PTS: MÉXICO 5, PARAGUAY 4, BÉLGICA 3, IRAK 0

GRUPO C

FECHA	EQUIPO	RES.	EQUIPO
01.06.	CANADÁ	0:1	FRANCIA
02.06.	URSS	6:0	HUNGRÍA
05.06.	FRANCIA	1:1	URSS
06.06.	HUNGRÍA	2:0	CANADÁ
09.06.	URSS	2:0	CANADÁ
09.06.	HUNGRÍA	0:3	FRANCIA

PTS: URSS 5, FRANCIA 5, HUNGRÍA 2, CANADÁ 0

GRUPO D

FECHA	EQUIPO	RES.	EQUIPO
01.06.	ESPAÑA	0:1	BRASIL
03.06.	ARGELIA	1:1	REP. IRLANDA D. N.
06.06.	BRASIL	1:0	ARGELIA
07.06.	R. IRLANDAA D. N.	1:2	ESPAÑA
12.06.	R. IRLANDAA D. N.	0:3	BRASIL
12.06.	ARGELIA	0:3	ESPAÑA

PTS: BRASIL 6, ESPAÑA 4, REP. IRLANDAA D. N. 1, ARGELIA 1

GRUPO E

FECHA	EQUIPO	RES.	EQUIPO
04.06.	URUGUAY	1:1	RFA
04.06.	ESCOCIA	0:1	DINAMARCA
08.06.	RFA	2:1	ESCOCIA
08.06.	DINAMARCA	6:1	URUGUAY
13.06.	DINAMARCA	2:0	RFA
13.06.	ESCOCIA	0:0	URUGUAY

PTS: DINAM. 6, RFA 3, URUGUAY 2, ESCOCIA 1

GRUPO F

FECHA	EQUIPO	RES.	EQUIPO
02.06.	MARRUECOS	0:0	POLONIA
03.06.	PORTUGAL	1:0	INGLATERRA
06.06.	INGLATERRA	0:0	MARRUECOS
07.06.	POLONIA	1:0	PORTUGAL
11.06.	PORTUGAL	1:3	MARRUECOS
11.06.	INGLATERRA	3:0	POLONIA

PTS: MARRUECOS 4, INGLATERRA 3, POLONIA 2, PORTUGAL 2

OCTAVOS DE FINAL

FECHA	EQUIPO	RES.	EQUIPO
15.06.	MÉXICO	2:0	BULGARIA
15.06.	URSS	3:4	BÉLGICA
16.06.	BRASIL	4:0	POLONIA
16.06.	ARGENTINA	1:0	URUGUAY
17.06.	ITALIA	0:2	FRANCIA
17.06.	MARRUECOS	0:1	RFA
18.06.	INGLATERRA	3:0	PARAGUAY
18.06.	DINAMARCA	1:5	ESPAÑA

CUARTOS DE FINAL

FECHA	EQUIPO	RES.	EQUIPO
21.06.	BRASIL	1:1 T.S., 3:4 P.	FRANCIA
21.06.	RFA	0:0 T.S., 4:1 P.	MÉXICO
22.06.	ARGENTINA	2:1	INGLATERRA
22.06.	ESPAÑA	1:1 T.S., 4:5 P.	BÉLGICA

SEMIFINAL

FECHA	EQUIPO	RES.	EQUIPO
25.06.	FRANCIA	0:2	RFA
25.06.	ARGENTINA	2:0	BÉLGICA

TERCER PUESTO

FECHA	EQUIPO	RES.	EQUIPO
28.06.	FRANCIA	4:2 T.S.	BÉLGICA

FINAL

FECHA	EQUIPO	RES.	EQUIPO
29.06.	ARGENTINA	3:2	RFA

ENTRADA DE MUNDIAL 198

CAMPEÓN: ARGENTINA

PARTICIPANTES
24 (DE 121 SELECCIONES)

JUGADORES EN CAMPO
413

GOL MÁS RÁPIDO
63 SEGUNDOS: BUTRAGUEÑO
(ESPAÑA–REP. IRLANDAA D. N.)

GOLEADOR
GOLDENER, 6 GOLES
GARY LINEKER (INGLATERRA)
BOTA DE PLATA, 5 GOLES
EMILIO BUTRAGUEÑO (ESPAÑA)
CARECA (BRASIL),
DIEGO MARADONA (ARGENTINA)
BOTA DE BRONCE
–

MEJOR ARQUERO
JEAN-MARIE PFAFF (BÉLGICA)

MEJOR JUGADOR JOVEN
ENZO SCIFO,
20 AÑOS (BÉLGICA)

PERIODO
31. 05. 1986–29. 06. 1986

GOLES
132 (Ø: 2,54 POR PARTIDO)

PARTIDOS
52

PREMIO FAIR-PLAY
BRASIL

T. AMARILLA
133 (Ø: 2,56 POR PARTIDO)

T. ROJA
8 (Ø: 0,15 POR PARTIDO)

3 O MÁS GOLES EN UN PARTIDO
4 GOLES: BUTRAGUEÑO (ESPAÑA–DINAMARCA)
3 GOLES: ELKJAER LARSEN (DINAMARCA–URUGUAY), LINEKER (INGLATERRA–POLONIA)
BELANOW (URSS–BÉLGICA)

ASISTENTES
2.394.031 (Ø: 46.039 POR PARTIDO)

GOLES EN CONTRA
1

EQUIPO GOLEADOR
ARGENTINA: 14 GOLES
EN 7 PARTIDOS

MEJOR JUGADOR
BALÓN DE ORO
DIEGO MARADONA (ARGENTINA)
BALÓN DE PLATA
HARALD SCHUMACHER (RFA)
BALÓN DE BRONCE
PREBEN ELKJAER LARSEN (DINAMARCA)

PENALES
14: 12 CONVERTIDOS,
2 ERRADOS

EQUIPO IDEAL 1986

1990 ITALIA

ALEMANIA FEDERAL TOMA REVANCHA CONTRA ARGENTINA POR LA DERROTA DE 1986. ANDREAS BREHME CONVIERTE DE PENAL, EL ÚNICO GOL DE LA FINAL

1990 ITALIA

La Copa del Mundo, jugada entre el 8 de junio y el 8 de julio de 1990 en Italia, le regaló a los amantes del fútbol algunos momentos que quedarán grabados en la memoria, empezando por la melodía de "Un'estate italiana", considerado el mejor himno de los Mundiales. Pero también es imposible olvidar la imagen de un reflexivo y solitario Franz Beckenbauer, tras haber conquistado el certamen como entrenador, mientras a pocos metros Diego Armando Maradona lloraba como un niño, impotente por la derrota de Argentina.

Por tercera vez consecutiva, los alemanes habían alcanzado la final, teniendo así la oportunidad de tomar revancha de la derrota sufrida cuatro años antes, algo que nunca antes se le había presentado a un finalista. A esas postales se suma la del alegre baile del veterano camerunés Roger Milla (cuatro goles) en la bandera del córner, símbolo de una selección que fue la sorpresa del torneo, alcanzando los cuartos de final y convirtiéndose en el primer país africano en llegar tan lejos.

¡Qué asco! En Alemania-Países Bajos de octavos se vivió un momento polémico con la expulsión de Frank Rijkaard y Rudi Völler, con doble escupitajo del neerlandés (uno en cancha y otro hacia el túnel).

También fue el Mundial de los penales, debido a que tres de los cuatro partidos de cuartos se resolvieron desde los doce pasos, y donde el argentino Sergio Goycochea (que había comenzado el torneo como suplente) se transformó en sensación.

Italia depositó toda su confianza en el delantero de la Juventus Salvatore Schillaci, quien con sus seis goles, llevó a su equipo a semifinales. Pero nuevamente "Goyco" se impuso en los penales y acabó con los sueños de los tifosi, que debieron conformarse con el tercer escalón del podio al vencer a Inglaterra.

El partido decisivo se definió a falta de 5 minutos para terminar el tiempo reglamentario con una polémica falta penal cobrada por Andreas Brehme y que -paradójicamente- el arquero argentino no logró contener. La implacable Alemania conquistó así su tercer campeonato mundial.

EL HISTÓRICO BAILE DE ROGER MILLA SIGUE INSPIRANDO LOS FESTEJOS MÁS CREATIVOS.
EN 1990, EL ÍDOLO DE CAMERÚN MARCÓ UN ANTES Y UN DESPUÉS EN LAS CELEBRACIONES DE LOS GOLES

CAMERÚN SORPRENDE AL CAMPEÓN EN EL PARTIDO INAUGUR
OMAM-BIYIK MARCA EL GOL DE LA VICTORIA ANTE ARGENT

EL ARQUERO COLOMBIANO RENÉ HIGUITA SALE DE SU ARCO HASTA CASI LA MITAD DE LA CANCHA, LE PASAN LA PELOTA Y CONTROLA MAL. ROGER MILLA LE ROBA EL BALÓN, Y LUEGO DE UNA CORRIDA CONVIERTE

'ALIANO
ERTO BAGGIO
CÓ CONTRA
OSLOVAQUIA EL GOL
LINDO DEL TORNEO

LOTHAR MATTHÄUS, EL CAPITÁN ALEMÁN, CONDUJO A SU EQUIPO AL TÍTULO. ES EL FUTBOLISTA CON MÁS PARTIDOS JUGADOS CON LA SELECCIÓN ALEMANA

EN UN ACTO REPUGNANTE, FRANK RIJKAARD ESCUPE A RUDI VÖLLER. EL ÁRBITRO EXPULSA A AMBOS JUGADORES

NADA MENOS QUE EN NÁPOLES, CLAUDIO CANIGGIA PONE EL 1-1 EN LA SEMIFINAL ANTE ITALIA. MINUTOS DESPUÉS, ARGENTINA SE IMPUSO EN LOS PENALES. "ES EL PARTIDO QUE MÁS DISFRUTÉ EN MI VIDA", DECLARÓ DIEGO MARADONA

TOTÓ SCHILLACI, MÁXIMO ANOTADOR CON SEIS GOLES, NO PODÍA ENTENDER POR QUÉ QUEDABA SIEMPRE EN OFF-SIDE
?!!
19

LOS CAMPEONES de 1990: ALEMANIA FEDERAL. ARRIBA: HOLGER OSIECK (ASISTENTE), FRANZ BECKENBAUER (DIRECTOR TÉCNICO), KLAUS AUGENTHALER, STEFAN REUTER, JÜRGEN KLINSMANN, FRANK MILL, GUIDO BUCHWALD, PAUL STEINER, THOMAS BERTHOLD, ANDREAS KÖPKE, JÜRGEN KOHLER, ANDREAS MÖLLER

HANS PFLÜGLER, BERTI VOGTS (AYUDANTE DE CAMPO).
ABAJO: PIERRE LITTBARSKI, OLAF THON, SEPP MAIER (ENTRENADOR DE ARQUERO), ANDREAS BREHME, LOTHAR MATTHÄUS, KARL-HEINZ RIEDLE, BODO ILLGNER, UWE BEIN, GÜNTHER HERMANN, RUDI VÖLLER, THOMAS HÄSSLER, RAIMOND AUMANN

LOS INGLESES RECORDARÁN POR SIEMPRE LAS DRAMÁTICAS LÁGRIMAS DE PAUL GASCOIGNE. "GAZZA", A VECES CARISMÁTICO Y OTRAS DEMENCIAL, SE PUSO A LLORAR EN LA SEMIFINAL, AL DARSE CUENTA DE QUE LA SEGUNDA TARJETA AMARILLA LE SIGNIFICABA NO ESTAR EN UNA EVENTUAL FINAL

LA FINAL 8 de JULIO de 1990

ALEMANIA 1:0 ARGENTINA

ESTADIO OLÍMPICO DE ROMA
ESPECTADORES: 73.603
ÁRBITRO: EDGARDO CODESAL MENDEZ (MÉXICO)

FRANZ BECKENBAUER SE CONVIERTE EN EL SEGUNDO EN GANAR EL TÍTULO DE CAMPEÓN MUNDIAL COMO JUGADOR Y COMO DIRECTOR TÉCNICO, DESPUÉS DEL BRASILEÑO MARIO ZAGALLO

MINUTO 65
MONZÓN VE LA ROJA TRAS COMETERLE FOUL A KLINSMANN QUE VUELA COMO UN ACTOR DE HOLLYWOOD
MINUTO 85
¿PENAL?
OTRO PARA UNA PELÍCULA. VÖLLER SE TIRA Y EL ÁRBITRO COBRA PENAL
1:0
GOYCOCHEA VUELA HACIA EL LADO CORRECTO, PERO EL TIRO DE BREHME ES IMPECABLE
TOOOOR!!! (¡¡¡GOOOOOL!!!)
ROJA PARA DEZOTTI POR UN FOUL A KOHLER
MINUTO 87
FIN DEL PARTIDO
MATTHÄUS CONSUELA A MARADONA
Y LUEGO FESTEJA JUNTO A SUS COMPAÑEROS EL TÍTULO MUNDIAL TAN MERECIDO TRAS DOS FINALES SEGUIDAS PERDIDAS

EL MUNDIAL 1990 EN RESUMEN

GRUPO A

FECHA	EQUIPO	RES.	EQUIPO
09.06.	ITALIA	1:0	AUSTRIA
10.06.	EE. UU.	1:5	CHECOSLOVAQUIA
14.06.	ITALIA	1:0	EE.UU.
15.06.	AUSTRIA	0:1	CHECOSLOVAQUIA
19.06.	ITALIA	2:0	CHECOSLOVAQUIA
19.06.	AUSTRIA	2:1	EE.UU.

PTS: ITALIA 6, CHECOSLOVAQUIA 4, AUSTRIA 2, EE.UU. 0

GRUPO B

FECHA	EQUIPO	RES.	EQUIPO
08.06.	ARGENTINA	0:1	CAMERÚN
09.06.	URSS	0:2	RUMANIA
13.06.	ARGENTINA	2:0	URSS
14.06.	CAMERÚN	2:1	RUMANIA
18.06.	ARGENTINA	1:1	RUMANIA
18.06.	CAMERÚN	0:4	URSS

PTS: CAMERÚN 4, RUMANIA 3, ARGENTINA 3, URSS 2

GRUPO C

FECHA	EQUIPO	RES.	EQUIPO
10.06.	BRASIL	2:1	SUECIA
11.06.	COSTA RICA	1:0	ESCOCIA
16.06.	BRASIL	1:0	COSTA RICA
16.06.	SUECIA	1:2	ESCOCIA
20.06.	BRASIL	1:0	ESCOCIA
20.06.	SUECIA	1:2	COSTA RICA

PTS: BRASIL 6, COSTA RICA 4, ESCOCIA 2, SUECIA 0

GRUPO D

FECHA	EQUIPO	RES.	EQUIPO
09.06.	EAU	0:2	COLOMBIA
10.06.	RFA	4:1	YUGOSLAVIA
14.06.	YUGOSLAVIA	1:0	COLOMBIA
15.06.	RFA	5:1	EAU
19.06.	RFA	1:1	COLOMBIA
19.06.	YUGOSLAVIA	4:1	EAU

PTS: RFA 5, YUGOSL. 4, COLOMBIA 3, EAU 0

GRUPO E

FECHA	EQUIPO	RES.	EQUIPO
12.06.	BÉLGICA	2:0	COREA DEL SUR
13.06.	URUGUAY	0:0	ESPAÑA
17.06.	COREA DEL SUR	1:3	ESPAÑA
17.06.	BÉLGICA	3:1	URUGUAY
21.06.	BÉLGICA	1:2	ESPAÑA
21.06.	COREA DEL SUR	0:1	URUGUAY

PTS: ESPAÑA 5, BÉLGICA 4, URUGUAY 3, COREA DEL SUR 0

GRUPO F

FECHA	EQUIPO	RES.	EQUIPO
11.06.	INGLATERRA	1:1	REP. IRLANDA
12.06.	PAÍSES BAJOS	1:1	EGIPTO
16.06.	INGLATERRA	0:0	PAÍSES BAJOS
17.06.	REP. IRLANDA	0:0	EGIPTO
21.06.	INGLATERRA	1:0	EGIPTO
21.06.	REP. IRLANDA	1:1	PAÍSES BAJOS

PTS: INGLATERRA 4, REP. IRLANDA 3, PAÍSES BAJOS 3, EGIPTO 2

OCTAVOS DE FINAL

FECHA	EQUIPO	RES.	EQUIPO
23.06.	CAMERÚN	2:1 T.S.	COLOMBIA
23.06.	CHECOSL.	4:1	COSTA RICA
24.06.	BRASIL	0:1	ARGENTINA
24.06.	RFA	2:1	PAÍSES BAJOS
25.06.	REP. IRLANDA	0:0 T.S., 5:4 P.	RUMANIA
25.06.	ITALIA	2:0	URUGUAY
26.06.	ESPAÑA	1:2 T.S.	YUGOSLAVIA
26.06.	INGLATERRA	1:0 T.S.	BÉLGICA

CUARTOS DE FINAL

FECHA	EQUIPO	RES.	EQUIPO
30.06.	YUGOSLAVIA	0:0 T.S., 2:3 P.	ARGENTINA
30.06.	ITALIA	1:0	REP. IRLANDA
01.07.	RFA	1:0	CHECOSL.
01.07.	INGLATERRA	3:2 T.S.	CAMERÚN

SEMIFINAL

FECHA	EQUIPO	RES.	EQUIPO
03.07.	ITALIA	1:1 T.S., 3:4 P.	ARGENTINA
04.07.	RFA	1:1 T.S., 4:3 P.	INGLATERRA

TERCER PUESTO

FECHA	EQUIPO	RES.	EQUIPO
07.07.	ITALIA	2:1	INGLATERRA

FINAL

FECHA	EQUIPO	RES.	EQUIPO
08.07.	RFA	1:0	ARGENTINA

CAMPEÓN: ALEMANIA FEDERAL

ENTRADA D
MUNDIAL 19

PARTICIPANTES
24 (DE 112 SELECCIONES)

PERIODO
08. 06. 1990–08. 07. 1990

ASISTENTES
2.516.215 (Ø: 48.389 POR PARTIDO)

JUGADORES EN CAMPO
414

GOLES
115 (Ø: 2,21 POR PARTIDO)

GOLES EN CONTRA
0

GOL MÁS RÁPIDO
5 MINUTOS: SUSI (YUGOSLAVIA–EAU)

PARTIDOS
52

EQUIPO GOLEADOR
ALEMANIA: 15 GOLES EN 7 PARTIDOS

GOLEADOR
BOTA DE ORO, 6 GOLES
SALVATORE SCHILLACI (ITALIA)
BOTA DE PLATA, 5 GOLES
TOMÁŠ SKUHRAVÝ (CHECOSLOVAQUIA)
BOTA DE BRONCE, 4 GOLES
ROGER MILLA (CAMERÚN)

PREMIO FAIR-PLAY
INGLATERRA

MEJOR JUGADOR
BALÓN DE ORO
SALVATORE SCHILLACI (ITALIA)
BALÓN DE PLATA
LOTHAR MATTHÄUS (ALEMANIA)
BALÓN DE BRONCE
DIEGO MARADONA (ARGENTINA)

T. AMARILLA
163 (Ø: 3,13 POR PARTIDO)

T. ROJA
16 (Ø: 0,31 POR PARTIDO)

MEJOR ARQUERO
LUIS GABELO CONEJO (COSTA RICA), SERGIO GOYCOCHEA (ARGENTINA)

3 O MÁS GOLES EN UN PARTIDO
3 GOLES: MICHEL (ESPAÑA–COREA DEL SUR)
SKUHRAVÝ (CHECOSLOVAQUIA–COSTA RICA)

PENALES
18: 13 CONVERTIDOS, 3 ERRADOS, 2 ATAJADOS

MEJOR JUGADOR JOVEN
ROBERT PORSINEKI, 21 AÑOS (YUGOSLAVIA)

EQUIPO IDEAL 1990

1994 EE.UU.

TAFFAREL NO LO PUEDE CREER. BAGGIO ERRÓ EL ÚLTIMO PENAL DE LA FINAL, LO QUE LE OCASIONÓ UN TRAUMA QUE SUPUSO AÑOS DE TERAPIA PSICOLÓGICA

1994 EE.UU.

Un Mundial de fútbol (¿soccer?) en el país del béisbol, el fútbol americano y el básquet? La designación de EE.UU. como sede causó desconfianza desde el primer momento.
Sin embargo, también es la nación del showbusiness: el récord de audiencia superó todas las expectativas. Un total de 143 naciones participaron de la fase de clasificación para el campeonato jugado entre el 17 de junio y el 17 de julio, y 3,6 millones de espectadores siguieron los 52 partidos en los modernos estadios, desde Boston hasta Orlando.

En lo futbolístico se alternaron luces y sombras, con una de las finales más aburridas de la historia y que supuso el retorno de la Copa del Mundo a Sudamérica.

Inglaterra y Francia no obtuvieron su plaza, y en su lugar estuvo por primera vez Rusia, tras la disolución de la U.R.S.S. Precisamente los rusos dieron la nota porque a pesar de que no pasaron la fase de grupos, Oleg Salenko le marcó cinco goles en el 6-1 a Camerún, una proeza que aún hoy es récord.

Conducida por un renacido Diego Maradona y los goles de Gabriel Batistuta y Claudio Caniggia, Argentina era seria candidata hasta que al Diez le 'cortaron las piernas', al ser suspendido por doping positivo. Su ausencia afectó al equipo, que perdió el último partido del grupo contra Bulgaria. En octavos de final, Rumania, de la mano de Gheorghe Hagi (conocido como 'El Maradona de los Cárpatos'), también aprovechó el golpe anímico y eliminó a Argentina.

La dupla Romário-Bebeto no defraudó: Brasil fue primera en su grupo, dejó en el camino al anfitrión EE.UU, Países Bajos y Suecia, y llegó al partido decisivo donde se enfrentó a la Italia de Roberto Baggio, "capocannoniere" de la Azzurra con cinco tantos.

Quienes esperaban una final a puro gol y emoción, se quedaron con las ganas: la Copa del Mundo se dirimió por primera vez desde los tiros desde el punto del penal y precisamente el delantero italiano pateó el suyo por arriba del travesaño.

ROMÁRIO NO QUIERE SEPARARSE DE LA COPA. BRASIL LOGRA EL TÍTULO DESPUÉS DE 24 AÑOS

NACE UN FESTEJO PARA LA HISTORIA: BEBETO JUNTA LOS BRAZOS Y SIMULA ESTAR MECIENDO A UN BEBÉ EN HOMENAJE A SU HIJO RECIÉN NACIDO. JUNTO A ÉL MAZINHO Y ROMÁRIO

DURANTE LA CEREMONIA INAGURAL, LA CANTANTE DIANA ROSS DEMUESTRA, CON UN DESASTROSO PENAL, LO QUE EL CAMPEONATO DE FÚTBOL SIGNIFICABA PARA LOS EE. UU.

EL PARTIDO DE BULGARIA VS. MÉXICO DURANTE LOS OCTAVOS DE FINAL FUE TAN ABURRIDO, QUE HASTA EL ARCO SE DIO POR VENCIDO Y TUVIERON QUE CAMBIARLO

A AL-UWAIRAN DE ARABIA SAUDITA LE AGARRÓ UN ATAQUE MARADONIANO Y CONVIRTIÓ UN GOLAZO CONTRA BÉLGICA

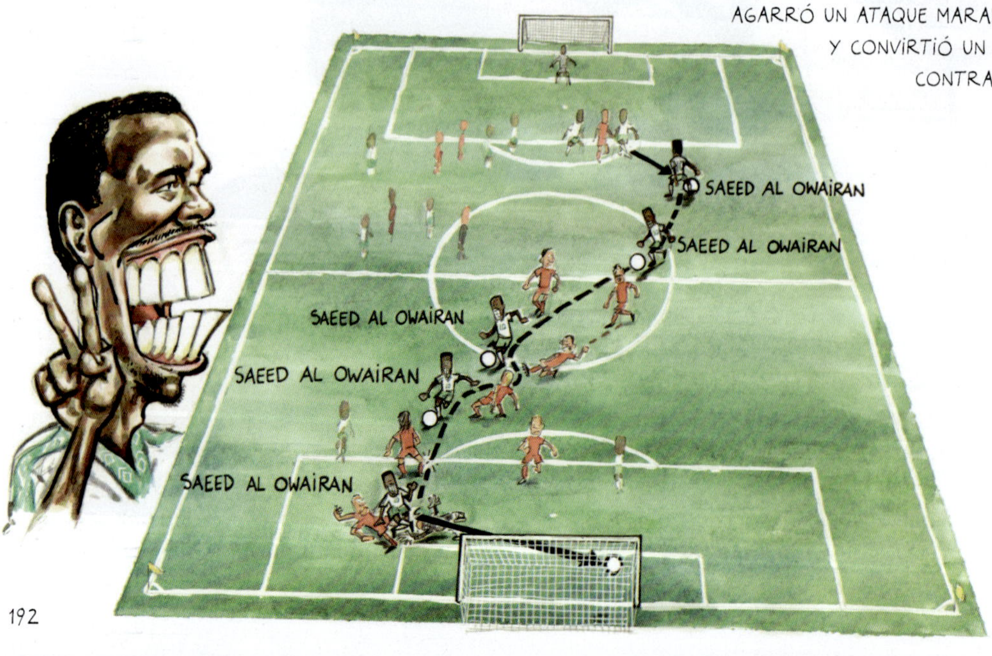

HRISTO STOICHKOV, ESTRELLA DEL SELECCIONADO BÚLGARO, QUE LLEGABA POR PRIMERA VEZ A SEMIFINALES, Y EL RUSO OLEG SALENKO COMPARTIERON EL BOTÍN DE ORO, CON 6 GOLES. SALENKO LE HIZO 5 A CAMERÚN. PERO EN ESE MISMO PARTIDO, ROGER MILLA (CON 42 AÑOS Y 39 DÍAS) SE CONVERTÍA NO SÓLO EN EL JUGADOR DE MÁS EDAD EN JUGAR UN MUNDIAL SINO EN EL MÁS VETERANO EN HACER UN GOL EN EL TORNEO

LA GRAN CARRERA DE MARADONA EN LOS MUNDIALES TERMINA AL DAR POSITIVO EN EL CONTROL ANTIDOPING. HORAS MÁS TARDE DECLARÓ DIEGO EN UNA ENTREVISTA: "ME CORTARON LAS PIERNAS"

EL GOL EN CONTRA DE ANDRÉS ESCOBAR EN PARTIDO QUE COLOMBIA TERMINÓ PERDIENDO CON EE.UU., TUVO CONSECUENCIAS NEFASTAS. LA ELIMINACIÓN, Y APENAS 10 DÍAS DESPUÉS, ESCOBAR FUE ASESINADO A BALAZOS EN MEDELLÍN

YORDAN LETCHKOW CABECEA Y MARCA EL GOL DEL TRIUNFO PARA BULGARIA EN LOS CUARTOS DE FINAL ANTE ALEMANIA

EL BRASILERO LEONARDO, HASTA AHÍ CONOCIDO POR SER UN GENTLEMAN, SE CALENTÓ Y LE PEGÓ UN BRUTAL CODAZO A TAB RAMOS DE EE.UU., LO ECHARON Y QUEDÓ SUSPENDIDO POR EL RESTO DEL CAMPEONATO

reusch
UMBRO
2
UMBRO
13
UMBRO
5
UMBRO
17
UMBRO
11
8

LOS CAMPEONES de 1994: BRASIL.
ARRIBA: TAFFAREL, JORGINHO, ALDAIR, MAURO SILVA, MARCIO SAN
ABAJO: MAZINHO, ROMÁRIO, DUNGA, BEBETO, ZINHO

ROBERTO BAGGIO, APODADO "LA COLITA DIVINA" POR SU CORTE DE CABELLO Y SU AFILIACIÓN A LA RELIGIÓN BUDISTA

EL DT CARLOS PARREIRA LE INCULCÓ A SU EQUIPO UNA NUEVA MENTALIDAD: EN VEZ DE FÚTBOL ATRACTIVO, BRASIL DEBÍA JUGAR DE FORMA DEFENSIVA Y FUNCIONAL

LA FINAL 17 de JULIO de 1994

BRASIL 0:0 ITALIA (PRÓRROGA)

DEFINICIÓN POR PENALES 3:2

ROSE BOWL, PASADENA
ESPECTADORES 94.194
ÁRBITRO: SANDOR PUHL (HUNGRÍA)

DESPUÉS DE 120 ABURRIDOS MINUTOS... ...LA PRIMERA DEFINICIÓN POR PENALES EN LA FINAL DE UN MUNDIAL
BARESI 0:0 ERRA
MARCIO SANTOS (PAGLIUCA ATAJA) ALBERTINI 0:1 ROMARIO 1:1 EVANI 1:2 BRANCO 2:2
MASSARO 2:2 (TAFFAREL ATAJA)
TAFFAREL
DUNGA 3:2
PAGLIUCA
BAGGIO ACOMODA LA PELOTA...
...Y LA TIRA A LAS NUBES
¡¡¡¡BRASIL CAMPEÓN!!!!

EL MUNDIAL 1994 EN RESUMEN

GRUPO A

FECHA	EQUIPO	RES.	EQUIPO
18.06.	EE.UU.	1:1	SUIZA
18.06.	COLOMBIA	1:3	RUMANIA
22.06.	RUMANIA	1:4	SUIZA
22.06.	EE.UU.	2:1	COLOMBIA
26.06.	EE.UU.	0:1	RUMANIA
26.06.	SUIZA	0:2	COLOMBIA

PTS: RUMANIA 6, SUIZA 4, EE.UU. 4, COLOMBIA 3

GRUPO B

FECHA	EQUIPO	RES.	EQUIPO
19.06.	CAMERÚN	2:2	SUECIA
20.06.	BRASIL	2:0	RUSIA
24.06.	BRASIL	3:0	CAMERÚN
24.06.	SUECIA	3:1	RUSIA
28.06.	RUSIA	6:1	CAMERÚN
28.06.	BRASIL	1:1	SUECIA

PTS: BRASIL 7, SUECIA 5, RUSIA 3, CAMERÚN 1

GRUPO C

FECHA	EQUIPO	RES.	EQUIPO
17.06.	ALEMANIA	1:0	BOLIVIA
17.06.	ESPAÑA	2:2	COREA DEL SUR
21.06.	ALEMANIA	1:1	ESPAÑA
23.06.	COREA DEL SUR	0:0	BOLIVIA
27.06.	BOLIVIA	1:3	ESPAÑA
27.06.	ALEMANIA	3:2	COREA DEL SUR

PTS: ALEMANIA 7, ESPAÑA 5, COREA DEL SUR 2, BOLIVIA 1

GRUPO D

FECHA	EQUIPO	RES.	EQUIPO
21.06.	ARGENTINA	4:0	GRECIA
21.06.	NIGERIA	3:0	BULGARIA
25.06.	ARGENTINA	2:1	NIGERIA
26.06.	BULGARIA	4:0	GRECIA
30.06.	GRECIA	0:2	NIGERIA
30.06.	ARGENTINA	0:2	BULGARIA

PTS: NIGERIA 6, BULGARIA 6, ARGENTINA 6, GRECIA 0

GRUPO E

FECHA	EQUIPO	RES.	EQUIPO
18.06.	ITALIA	0:1	IRLANDA
19.06.	NORUEGA	1:0	MÉXICO
23.06.	ITALIA	1:0	NORUEGA
24.06.	MÉXICO	2:1	IRLANDA
28.06.	IRLANDA	0:0	NORUEGA
30.06.	ITALIA	1:1	MÉXICO

PTS: MÉXICO 4, IRLANDA 4, ITALIA 4, NORUEGA 4

GRUPO F

FECHA	EQUIPO	RES.	EQUIPO
19.06.	BÉLGICA	1:0	MARRUECOS
20.06.	PAÍSES BAJOS	2:1	ARABIA SAUDITA
25.06.	BÉLGICA	1:0	PAÍSES BAJOS
25.06.	ARABIA SAUDITA	2:1	MARRUECOS
29.06.	MARRUECOS	1:2	PAÍSES BAJOS
29.06.	BÉLGICA	0:1	ARABIA SAUDITA

PTS: PAÍSES BAJOS 6, ARABIA SAUDITA 6, BÉLGICA 6, MARRUECOS 0

OCTAVOS DE FINAL

FECHA	EQUIPO	RES.	EQUIPO
02.07.	ALEMANIA	3:2	BÉLGICA
02.07.	ESPAÑA	3:0	SUIZA
03.07.	ARABIA S.	1:3	SUECIA
03.07.	RUMANIA	3:2	ARGENTINA
04.07.	PAÍSES BAJOS	2:0	IRLANDA
04.07.	BRASIL	1:0	EE.UU.
05.07.	NIGERIA	1:2 T.S.	ITALIA
04.07.	MÉXICO	1:1 T.S., 1:3 P.	BULGARIA

CUARTOS DE FINAL

FECHA	EQUIPO	RES.	EQUIPO
09.07.	ITALIA	2:1	ESPAÑA
09.07.	PAÍSES BAJOS	2:3	BRASIL
10.07.	BULGARIA	2:1	ALEMANIA
10.07.	RUMANIA	2:2 T.S., 4:5 P.	SUECIA

SEMIFINAL

FECHA	EQUIPO	RES.	EQUIPO
13.07.	BULGARIA	1:2	ITALIA
13.07.	SUECIA	0:1	BRASIL

TERCER PUESTO

FECHA	EQUIPO	RES.	EQUIPO
16.07.	SUECIA	4:0	BULGARIA

FINAL

FECHA	EQUIPO	RES.	EQUIPO
17.07.	BRASIL	0:0 T.S., 3:2 P.	ITALIA

CAMPEÓN: BRASIL

ENTRADA DEL MUNDIAL 1994

PARTICIPANTES
24 (DE 143 SELECCIONES)

JUGADORES EN CAMPO
427

GOL MÁS RÁPIDO
2 MINUTOS: GABRIEL BATISTUTA (ARGENTINA–GRECIA)

GOLEADOR
BOTA DE ORO, 6 GOLES
OLEG SALENKO (RUSIA),
HRISTO STOICHKOV (BULGARIA)
BOTA DE PLATA –
BOTA DE BRONCE, 5 GOLES
ANDERSSON (SUECIA),
ROMÁRIO (BRASIL)

MEJOR ARQUERO
MICHEL PREUD'HOMME (BÉLGICA)

MEJOR JUGADOR JOVEN
MARC OVERMARS,
21 AÑOS (PAÍSES BAJOS)

PERIODO
17. 06. 1994–17. 07. 1994

GOLES
141 (Ø: 2,71 POR PARTIDOS)

PARTIDOS
52

PREMIO FAIR-PLAY
BRASIL

T. AMARILLA
228 (Ø: 4,38 POR PARTIDO)
T. AMARILLA-ROJA
7 (Ø: 0,13 POR PARTIDO)
T. ROJA
8 (Ø: 0,15 POR PARTIDO)

3 O MÁS GOLES EN UN PARTIDO
5 GOLES: SALENKO (RUSIA–CAMERÚN)
3 GOLES: BATISTUTA (ARGENTINA–GRECIA)

ASISTENTES
3.587.538 (Ø: 68.991 POR PARTIDO)

GOLES EN CONTRA
1

EQUIPO GOLEADOR
SUECIA: 15 GOLES EN 7 PARTIDOS

MEJOR JUGADOR
BALÓN DE ORO
ROMÁRIO (BRASIL)
BALÓN DE PLATA
ROBERTO BAGGIO (ITALIA)
BALÓN DE BRONCE
HRISTO STOICHKOV, (BULGARIA)

PENALES
15: TODOS CONVERTIDOS

EQUIPO IDEAL 1994

1998 FRANCIA

RONALDO, COMPLETAMENTE DESORBITADO EN LA FINAL, CHOCA EN EL AIRE CON EL ARQUERO FABIÁN BARTHEZ

1998 FRANCIA

Francia volvió a recibir la Copa del Mundo exactamente 60 años después de que la recibiera por primera vez, y en un momento en el que su fútbol gozaba de gran nivel, lo que automáticamente convirtió a "Les Bleus" en serios candidatos.

Fue además el primer certamen que contó con 32 equipos y significó el debut de Croacia como nación independiente tras la disolución de Yugoslavia en 1991; de la mano de Davor Šuker, la selección de los Balcanes fue segunda del grupo detrás de Argentina, eliminó a Rumania, goleó 3-0 a Alemania y acabó ¡en el tercer puesto! al ganarle a Países Bajos.

Nigeria también dio que hablar al quedarse con el primer puesto en el "Grupo de la Muerte", y clasificando invicta sobre España y Paraguay. Sin embargo, las "Súper Águilas" apenas alcanzaron los octavos, donde cayeron con Dinamarca.

En octavos, Inglaterra y Argentina volvieron a verse las caras y con polémica: la infantil expulsión de David Beckham opacó el golazo de Michael Owen para el 2-1 parcial y tras la victoria argentina en los penales, la frustración de todo un país se volcó hacia el "Spice Boy". "Diez heroicos leones y un chico estúpido", tituló el diario inglés The Mirror.

El campeón defensor, Brasil, llegó a la final tras dejar atrás una llave accesible en la que sufrió algunos sobresaltos. Ronaldo, de 21 años, había marcado cuatro goles y tenía todo para coronar su faena personal, pero en el encuentro decisivo no estuvo física ni mentalmente preparado. En contrapartida, a Henry, Trezeguet, Djorkaeff, Thuram y Zidane le salieron todas. Fue un encuentro con lujos y goles, en el que "Zizou" brilló y se ganó su lugar entre los más grandes del fútbol mundial.

ZINEDINE ZIDANE, DIGNO SUCESOR DE LA CAMISETA NÚMERO 10 QUE VISTIERON LEYENDAS COMO PELÉ Y MARADONA

CROACIA PARTICIPA POR PRIMERA VEZ DE UN CAMPEONATO MUNDIAL Y SU DELANTERO DAVOR ŠUKER GANA CON SEIS GOLES EL BOTÍN DE ORO

EN EL PARTIDO CON JAMAICA, EL ARGENTINO GABRIEL BATISTUTA SE CONVIERTE EN EL PRIMER JUGADOR EN LOGRAR TRIPLETES (HAT TRICK) EN DOS MUNDIALES DIFERENTES

EL FRANCÉS LAURENT BLANC MARCÓ CONTRA PARAGUAY (FUE 1:0) EL PRIMER "GOL DE ORO" DE LA HISTORIA DE LOS MUNDIALES

CÁBALA EXITOSA: ANTES DE CADA JUEGO, LAURENT BLANC LE BESABA LA CABEZA AL ARQUERO FABIEN BARTHEZ. AUNQUE EL DEFENSOR SE PERDIÓ LA FINAL POR ESTAR SUSPENDIDO, CUMPLIÓ CON SU RITUAL Y FRANCIA ACABÓ ALZANDO LA COPA

GOL DE OWEN

MICHAEL OWEN, DE APENAS 18 AÑOS, CONVIRTIÓ UN GOL ESPECTACULAR ANTE ARGENTINA EN OTRO CLÁSICO INOLVIDABLE. EL PARTIDO TERMINÓ 2:2 Y EN LOS PENALES SE IMPUSO LA ALBICELESTE

DAVID BECKHAM

PICARDÍA ARGENTINA VS. FLEMA INGLESA: DIEGO SIMEONE HIZO EXPULSAR A DAVID BECKHAM AL EXAGERAR UNA FALTA EVITABLE. FUE ROJA DIRECTA PARA EL "SPICE BOY", A QUIEN LA PRENSA RESPONSABILIZÓ POR LA ELIMINACIÓN

DESPUÉS DE LA VICTORIA CONTRA INGLATERRA, ARGENTINA TUVO QUE HACER LAS VALIJAS Y VOLVER A CASA GRACIAS AL GOLAZO DEL NEERLANDÉS DENNIS BERGKAMP

COUPE DU MONDE
"FRANCE 98"
BRASIL - FRANCE
FFF
FINALE
STADE DE FRANCE
12 JUILLET 1998

LOS CAMPEONES de 1998: FRANCIA.
ARRIBA: ZINEDINE ZIDANE, MARCEL DESAILLY, FRANK LEBOEUF, LILIAN THURAM, STEPHANE GUIVARC'H, EMMANUEL PETIT. ABAJO: CHRISTIAN KAREMBEU, YOURI DJORKAEFF, DIDIER DESCHAMPS, FABIEN BARTHEZ, BIXENTE LIZARAZU

LILIAN THURAM MARCÓ SÓLO 2 GOLES EN SUS 142 PARTIDOS CON LA SELECCIÓN DE FRANCIA, Y AMBOS FUERON EN LA SEMIFINAL ANTE CROACIA TRAS IR PERDIENDO 0:1

LA MULTITUD FESTEJANDO EL TÍTULO EN PARÍS

LA FINAL 12 de JULIO de 1998

BRASIL 0:3 FRANCIA

STADE DE FRANCE, SAINT-DENIS
ESPECTADORES: 75.000
ÁRBITRO: SAID BELQOLA (MARRUECOS)

EL DIRECTOR TÉCNICO FRANCÉS AIMÉ JACQUET

¿JUEGA O NO JUEGA RONALDO?
LOS BRASILEÑOS NO SE DECIDÍAN
1:0 ZIDANE DESPUÉS DE UN CORNER
MINUTO 27
R. CARLOS
2:0 ZIDANE OTRA VEZ DE CABEZA
MINUTO 45
¡SMUACK!
LA POSTE
TARJETA ROJA PARA DESAILLY
POR UN FOUL A CAFU
MINUTO 68
3:0 PETIT
MINUTO 90
FRANCIA TRIUNFA,
BRASIL LLORA
ACZEL

EL MUNDIAL 1998 EN RESUMEN

GRUPO A

FECHA	EQUIPO	RES.	EQUIPO
10.06.	BRASIL	2:1	ESCOCIA
10.06.	MARRUECOS	2:2	NORUEGA
16.06.	ESCOCIA	1:1	NORUEGA
16.06.	BRASIL	3:0	MARRUECOS
23.06.	ESCOCIA	0:3	MARRUECOS
23.06.	BRASIL	1:2	NORUEGA

PTS: BRASIL 6, NORUEGA 5, MARRUECOS 4, ESCOCIA 1

GRUPO B

FECHA	EQUIPO	RES.	EQUIPO
11.06.	CAMERÚN	1:1	AUSTRIA
11.06.	ITALIA	2:2	CHILE
17.06.	CHILE	1:1	AUSTRIA
17.06.	ITALIA	3:0	CAMERÚN
23.06.	ITALIA	2:1	AUSTRIA
23.06.	CHILE	1:1	CAMERÚN

PTS: ITALIA 7, CHILE 3, AUSTRIA 2, CAMERÚN 2

GRUPO C

FECHA	EQUIPO	RES.	EQUIPO
12.06.	ARABIA SAUDITA	0:1	DINAMARCA
12.06.	FRANCIA	3:0	SUDÁFRICA
18.06.	FRANCIA	4:0	ARABIA SAUDITA
18.06.	SUDÁFRICA	1:1	DINAMARCA
24.06.	FRANCIA	2:1	DINAMARCA
24.06.	SUDÁFRICA	2:2	ARABIA SAUDITA

PTS: FRANCIA 9, DINAMARCA 4, SUDÁFRICA 2, ARABIA SAUDITA 1

GRUPO D

FECHA	EQUIPO	RES.	EQUIPO
12.06.	PARAGUAY	0:0	BULGARIA
13.06.	ESPAÑA	2:3	NIGERIA
19.06.	NIGERIA	1:0	BULGARIA
19.06.	ESPAÑA	0:0	PARAGUAY
24.06.	ESPAÑA	6:1	BULGARIA
24.06.	NIGERIA	1:3	PARAGUAY

PTS: NIGERIA 6, PARAGUAY 5, ESPAÑA 4, BULGARIA 1

GRUPO E

FECHA	EQUIPO	RES.	EQUIPO
13.06.	PAÍSES BAJOS	0:0	BÉLGICA
13.06.	COREA DEL SUR	1:3	MÉXICO
20.06.	PAÍSES BAJOS	5:0	COREA DEL SUR
20.06.	BÉLGICA	2:2	MÉXICO
25.06.	BÉLGICA	1:1	COREA DEL SUR
25.06.	PAÍSES BAJOS	2:2	MÉXICO

PTS: PAÍSES BAJOS 5, MÉXICO 5, BÉLGICA 3, COREA DEL SUR 1

GRUPO F

FECHA	EQUIPO	RES.	EQUIPO
14.06.	YUGOSLAVIA	1:0	IRÁN
15.06.	ALEMANIA	2:0	EE.UU.
21.06.	ALEMANIA	2:2	YUGOSLAVIA
21.06.	EE.UU.	1:2	IRÁN
25.06.	ALEMANIA	2:0	IRÁN
25.06.	EE.UU.	0:1	YUGOSLAVIA

PTS: ALEMANIA 7, YUGOSLAVIA 7, IRÁN 3, EE.UU. 0

GRUPO G

FECHA	EQUIPO	RES.	EQUIPO
15.06.	RUMANIA	1:0	COLOMBIA
15.06.	INGLATERRA	2:0	TÚNEZ
22.06.	COLOMBIA	1:0	TÚNEZ
22.06.	RUMANIA	2:1	INGLATERRA
26.06.	RUMANIA	1:1	TÚNEZ
26.06.	COLOMBIA	0:2	INGLATERRA

PTS: RUMANIA 7, INGLATERRA 6, COLOMBIA 3, TÚNEZ 1

GRUPO H

FECHA	EQUIPO	RES.	EQUIPO
14.06.	JAMAICA	1:3	CROACIA
14.06.	ARGENTINA	1:0	JAPÓN
20.06.	JAPÓN	0:1	CROACIA
21.06.	ARGENTINA	5:0	JAMAICA
26.06.	JAPÓN	1:2	JAMAICA
26.06.	ARGENTINA	1:0	CROACIA

PTS: ARGENTINA 9, CROACIA 6, JAMAICA 3, JAPÓN 0

OCTAVOS DE FINAL

FECHA	EQUIPO	RES.	EQUIPO
27.06.	BRASIL	4:1	CHILE
27.06.	ITALIA	1:0	NORUEGA
28.06.	NIGERIA	1:4	DINAMARCA
28.06.	FRANCIA	1:0 T.S.	PARAGUAY
29.06.	ALEMANIA	2:1	MÉXICO
29.06.	PAÍSES BAJOS	2:1	YUGOSL.
30.06.	ARGENTINA	2:2 T.S., 4:3 P.	INGLATERRA
30.06.	RUMANIA	0:1	CROACIA

3ER PUESTO

FECHA	EQUIPO	RES.	EQUIPO
11.07.	PAÍSES BAJOS	1:2	CROACIA

CUARTOS DE FINAL

FECHA	EQUIPO	RES.	EQUIPO
03.07.	ITALIA	0:0 T.S., 3:4 P.	FRANCIA
03.07.	BRASIL	3:2	DINAMARCA
04.07.	ALEMANIA	0:3	CROACIA
04.07.	PAÍSES BAJOS	2:1	ARGENTINA

SEMIFINAL

FECHA	EQUIPO	RES.	EQUIPO
07.07.	BRASIL	1:1 T.S., 4:2 P.	PAÍSES BAJOS
08.07.	FRANCIA	2:1	CROACIA

FINAL

FECHA	EQUIPO	RES.	EQUIPO
12.07.	BRASIL	0:3	FRANCIA

CAMPEÓN:
FRANCIA

ENTRADA DEL MUNDIAL 1998

PARTICIPANTES
32 (DE 166 SELECCIONES)

JUGADORES EN CAMPO
573

GOL MÁS RÁPIDO
52 SEGUNDOS: AYALA
(PARAGUAY–NIGERIA)

GOLEADOR
BOTA DE ORO, 6 GOLES
DAVOR ŠUKER (CROACIA)
BOTA DE PLATA, 5 GOLES
BATISTUTA (ARGENTINA),
VIERI (ITALIA)

MEJOR ARQUERO
FABIEN BARTHEZ (FRANCIA),
JOSÉ LUIS CHILAVERT
(PARAGUAY)

MEJOR JUGADOR JOVEN
MICHAEL OWEN,
18 AÑOS (INGLATERRA)

PERIODO
10. 06. 1998–12. 07. 1998

GOLES
171 (Ø: 2,67 POR PARTIDO)

GOLES EN CONTRA
7

PREMIO FAIR-PLAY
1. FRANCIA E INGLATERRA
3. NORUEGA

T. AMARILLA
250 (Ø: 3,91 POR PARTIDO)

T. AMARILLA-ROJA
4 (Ø: 0,06 POR PARTIDO)

T. ROJA
18 (Ø: 0,28 POR PARTIDO)

3 O MÁS GOLES EN UN PARTIDO
3 GOLES: BATISTUTA (ARGENTINA–JAMAICA)

ASISTENTES
2.785.100 (Ø: 43.517 POR PARTIDO)

PARTIDOS
64

EQUIPO GOLEADOR
FRANCIA: 15 GOLES
EN 7 PARTIDOS

MEJOR JUGADOR
BALÓN DE ORO
RONALDO (BRASIL)
BALÓN DE PLATA
DAVOR ŠUKER, (CROACIA)
BALÓN DE BRONCE
LILIAN THURAM (FRANCIA)

PENALES
18: 17 CONVERTIDOS,
1 ERRADOS

EQUIPO IDEAL 1998

2002 COREA DEL SUR/JAPÓN

AL IGUAL QUE EL AVE FÉNIX, RONALDO RESURGIÓ Y LLEVÓ A BRASIL A LA CONQUISTA DE SU QUINTO TÍTULO MUNDIAL

2002 COREA DEL SUR/JAPÓN

El torneo que se jugó entre el 31 de mayo y el 30 de junio fue el primero de la historia organizado por dos países, el primero que no se jugó en Europa ni en América, y el primero en realizarse en Asia.

Contra todo pronóstico, hubo batacazo en el partido inaugural: Francia, campeona del mundo y de Europa, perdió con Senegal, que debutaba en el certamen. Pero no fue una caída aislada, ya que los galos no lograron cambiar el rumbo, se fueron en fase de grupos y sin marcar ni un gol.

Argentina, que llegaba a la Copa del Mundo con un invicto de 18 partidos, tampoco accedió a octavos y uno de sus verdugos fue nada menos que David Beckham, autor del único tanto con el que Inglaterra selló el marcador de un nuevo clásico.

Japón cerró la fase de grupos en el primer puesto e ilusionó a su gente, pero Turquía lo marginó en octavos.

El co-anfitrión, Corea del Sur, se dio el gusto de derrotar a Portugal, uno de los favoritos, de eliminar a Italia en octavos y de superar por penales a España, en cuartos. Sin embargo, Michael Ballack cortó la racha en semis y metió a Alemania en la gran final.

Del otro lado esperaba Brasil con un Ronaldo mucho más maduro y que había dejado atrás dos graves lesiones. "O Fenômeno" junto con un joven Ronaldinho aportaron goles y "jogo bonito". El arquero alemán Oliver Kahn, que hasta ese momento había contribuido enormemente con sus atajadas, tuvo una actuación penosa en la final de Yokohama; su error permitió la apertura del marcador y nada pudo hacer para evitar el 2-0 que le dio a la verde amarelha su quinto título mundial. Fue la cuarta vez en la historia que un campeón ganó todos sus partidos y la segunda que el que lo logró fue Brasil.

EL ALEMÁN OLIVER KAHN, TAN FAMOSO COMO TEMIDO, FUE EL ÚNICO ARQUERO QUE LLEGÓ A SER ELEGIDO MEJOR JUGADOR DEL CAMPEONATO. SIN EMBARGO FUE UN ERROR SUYO EL QUE LE VALIÓ EL TÍTULO A LOS BRASILEÑOS

DAVID BECKHAM SE "VENGÓ" DE LA TARJETA ROJA DEL MUNDIAL ANTERIOR: MARCÓ DE PENAL EL ÚNICO GOL CON EL QUE INGLATERRA DERROTÓ A ARGENTINA Y COLABORÓ EN SU ELIMINACIÓN TEMPRANA

¡QUÉ CALIDAD! RONALDINHO FESTEJA AL VER COMO DAVID SEAMAN TRATA DE ATAJAR SU BRILLANTE TIRO LIBRE. LOS SUDAMERICANOS TERMINARON GANANDO LOS CUARTOS DE FINAL POR 2:1

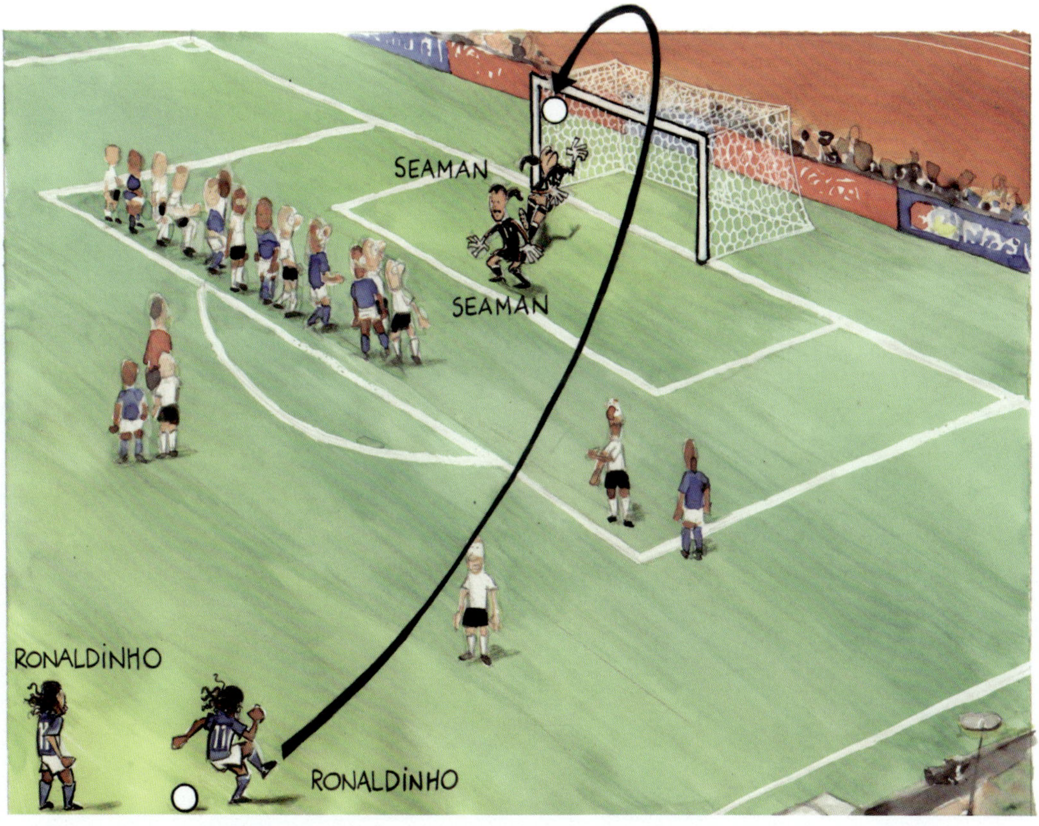

EL BRASILERO RIVALDO REACCIONA COMO UN VERDADERO ACTOR PROFESIONAL Y EL ÁRBITRO EXPULSA AL TURCO ÜNSAL

BRASIL Y TURQUÍA COMPARTIERON GRUPO Y SE REENCONTRARON EN SEMIFINALES. BASTÓ UN PUNTÍN DE RONALDO, QUE LUEGO SE QUEDÓ CON EL BOTÍN DE ORO, PARA DEFINIR EL PARTIDO

¡GOL DE ORO! UN CABEZAZO DEL COREANO AHN JUNG-HWAN ELIMINÓ A ITALIA Y TRAJO EL RECUERDO DE LA CAÍDA DE 1966 ANTE COREA DEL NORTE

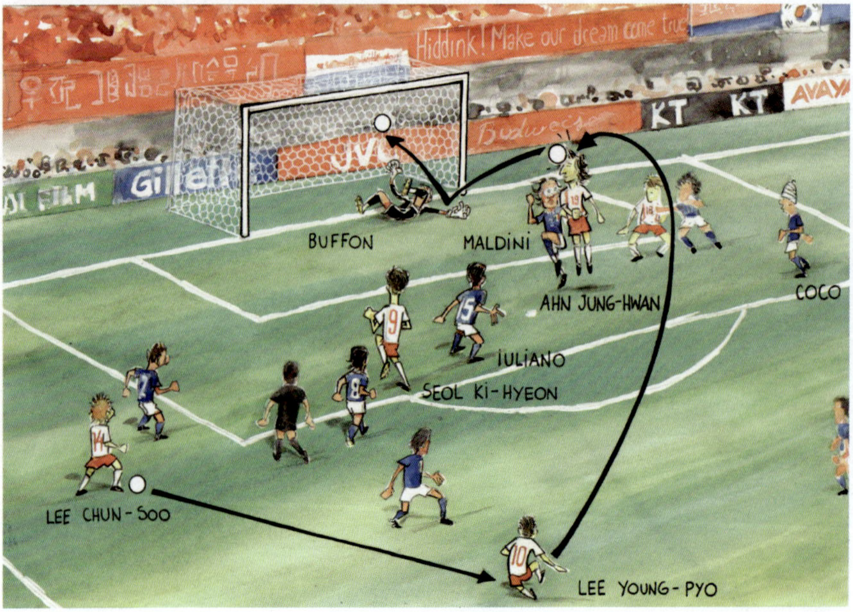

BALLACK VIO LA AMARILLA DESPUÉS DE UNA FALTA AL COREANO LEE CHUN-SOO Y SE PERDÍA LA FINAL. PERO CUATRO MINUTOS DESPUÉS MARCÓ EL ÚNICO GOL DEL PARTIDO, LOGRANDO QUE ALEMANIA SE CLASIFICARA A UNA DEFINICIÓN QUE ÉL NO PODRÍA JUGAR

LOS CAMPEONES de 2002: BRASIL.
ARRIBA: LÚCIO, EDMILSON, ROQUE JUNIOR, GILBERTO SILVA, MARCOS.
ABAJO: RONALDINHO, RONALDO, ROBERTO CARLOS, KLEBERSON, RIVALDO, CAFU

GOL TEMPRANERO

COREA DEL SUR DIO EL PUNTAPIÉ INICIAL EN EL PARTIDO POR EL TERCER PUESTO, PERO EL TURCO HAKAN SUKUR SE LAS INGENIÓ PARA MARCAR EL GOL MÁS RÁPIDO DE LOS MUNDIALES

LUIZ FELIPE SCOLARI "FELIPÃO"
DIRECTOR TÉCNICO DE BRASIL

LA FINAL 30 de JUNIO de 2002

ALEMANIA 0:2 BRASIL

INTERNATIONAL STADIUM, YOKOHAMA
ESPECTADORES: 69.029
ÁRBITRO: PIERLUIGI COLLINA (ITALIA)

BALLACK, SUSPENDIDO, SOLO PUEDE MIRAR
MINUTO 49
¡UUUUUH!... EL TIRO LIBRE DE NEUVILLE DE 30 METROS PEGA EN EL PALO
!
A OLIVER KAHN SE LE ESCAPA UN TIRITO INOFENSIVO DE RIVALDO...
PLOF!
1:0
...Y RONALDO NO PERDONA
MINUTO 67
2:0
RONALDO
MINUTO 79
¡BRASIL CAMPEÓN MUNDIAL!

EL MUNDIAL 2002 EN RESUMEN

GRUPO A

FECHA	EQUIPO	RES.	EQUIPO
31.05.	FRANCIA	0:1	SENEGAL
01.06.	URUGUAY	1:2	DINAMARCA
06.06.	FRANCIA	0:0	URUGUAY
06.06.	DINAMARCA	1:1	SENEGAL
11.06.	DINAMARCA	2:0	FRANCIA
11.06.	SENEGAL	3:3	URUGUAY

PTS: DINAMARCA 7, SENEGAL 5, URUGUAY 2, FRANCIA 1

GRUPO B

FECHA	EQUIPO	RES.	EQUIPO
02.06.	PARAGUAY	2:2	SUDÁFRICA
02.06.	ESPAÑA	3:1	ESLOVENIA
07.06.	ESPAÑA	3:1	PARAGUAY
08.06.	SUDÁFRICA	1:0	ESLOVENIA
12.06.	SUDÁFRICA	2:3	ESPAÑA
12.06.	ESLOVENIA	1:3	PARAGUAY

PTS: ESPAÑA 9, PARAGUAY 4, SUDÁFRICA 4, ESLOVENIA 0

GRUPO C

FECHA	EQUIPO	RES.	EQUIPO
03.06.	BRASIL	2:1	TURQUÍA
04.06.	CHINA	0:2	COSTA RICA
08.06.	BRASIL	4:0	CHINA
09.06.	COSTA RICA	1:1	TURQUÍA
13.06.	COSTA RICA	2:5	BRASIL
13.06.	TURQUÍA	3:0	CHINA

PTS: BRASIL 9, TURQUÍA 4, COSTA RICA 4, CHINA 0

GRUPO D

FECHA	EQUIPO	RES.	EQUIPO
04.06.	COREA DEL SUR	2:0	POLONIA
05.06.	EE.UU.	3:2	PORTUGAL
10.06.	COREA DEL SUR	1:1	EE.UU.
10.06.	PORTUGAL	4:0	POLONIA
14.06.	PORTUGAL	0:1	COREA DEL SUR
14.06.	POLONIA	3:1	EE.UU.

PTS: COREA DEL SUR 7, EE.UU. 4, PORTUGAL 3, POLONIA 3

GRUPO E

FECHA	EQUIPO	RES.	EQUIPO
01.06.	IRLANDA	1:1	CAMERÚN
01.06.	ALEMANIA	8:0	ARABIA SAUDITA
05.06.	ALEMANIA	1:1	IRLANDA
06.06.	CAMERÚN	1:0	ARABIA SAUDITA
11.06.	CAMERÚN	0:2	ALEMANIA
11.06.	ARABIA SAUDITA	0:3	IRLANDA

PTS: ALEMANIA 7, IRLANDA 5, CAMERÚN 4, ARABIA SAUDITA 0

GRUPO F

FECHA	EQUIPO	RES.	EQUIPO
02.06.	INGLATERRA	1:1	SUECIA
02.06.	ARGENTINA	1:0	NIGERIA
07.06.	SUECIA	2:1	NIGERIA
07.06.	ARGENTINA	0:1	INGLATERRA
12.06.	SUECIA	1:1	ARGENTINA
12.06.	NIGERIA	0:0	INGLATERRA

PTS: SUECIA 5, INGLATERRA 5, ARGENTINA 4, NIGERIA 1

GRUPO G

FECHA	EQUIPO	RES.	EQUIPO
03.06.	CROACIA	0:1	MÉXICO
03.06.	ITALIA	2:0	ECUADOR
08.06.	ITALIA	1:2	CROACIA
09.06.	MÉXICO	2:1	ECUADOR
13.06.	MÉXICO	1:1	ITALIA
13.06.	ECUADOR	1:0	CROACIA

PTS: MÉXICO 7, ITALIA 4, CROACIA 3, ECUADOR 3

GRUPO H

FECHA	EQUIPO	RES.	EQUIPO
04.06.	JAPÓN	2:2	BÉLGICA
05.06.	RUSIA	2:0	TÚNEZ
09.06.	JAPÓN	1:0	RUSIA
10.06.	TÚNEZ	1:1	BÉLGICA
14.06.	TÚNEZ	0:2	JAPÓN
14.06.	BÉLGICA	3:2	RUSIA

PTS: JAPÓN 7, BÉLGICA 5, RUSIA 3, TÚNEZ 1

OCTAVOS DE FINAL

FECHA	EQUIPO	RES.	EQUIPO
15.06.	ALEMANIA	1:0	PARAGUAY
15.06.	DINAMARCA	0:3	INGLATERRA
16.06.	SUECIA	1:2 T.S.	SENEGAL
16.06.	ESPAÑA	1:1 T.S., 3:2 P.	IRLANDA
17.06.	MÉXICO	0:2	EE.UU.
17.06.	BRASIL	2:0	BÉLGICA
18.06.	JAPÓN	0:1	TURQUÍA
18.06.	COREA D. S.	2:1 T.S.	ITALIA

CUARTOS DE FINAL

FECHA	EQUIPO	RES.	EQUIPO
21.06.	INGLATERRA	1:2	BRASIL
21.06.	ALEMANIA	1:0	EE.UU.
22.06.	ESPAÑA	0:0 T.S., 3:5 P.	COREA DEL SUR
22.06.	SENEGAL	0:1	TURQUÍA

SEMIFINAL

FECHA	EQUIPO	RES.	EQUIPO
25.06.	ALEMANIA	1:0	COREA D. S.
26.06.	BRASIL	1:0	TURQUÍA

3ER PUESTO

FECHA	EQUIPO	RES.	EQUIPO
29.06	COREA D. S.	2:3	TURQUÍA

FINAL

FECHA	EQUIPO	RES.	EQUIPO
30.06.	ALEMANIA	0:2	BRASIL

CAMPEÓN: BRASIL

ENTRADA DEL MUNDIAL 2002

PARTICIPANTES
32 (DE 198 SELECCIONES)

PERIODO
31. 05. 2002–30. 06. 2002

ASISTENTES
2.705.197 (Ø: 42.269 POR PARTIDO)

JUGADORES EN CAMPO
581

GOLES
161 (Ø: 2,52 POR PARTIDO)

PARTIDOS
64

GOL MÁS RAPIDO
11 SEGUNDOS: HAKAN SÜKÜR (TURQUÍA–COREA DEL SUR)

GOLES EN CONTRA
4

MÁS VECES MAN OF THE MATCH
RIVALDO (BRASIL), 3 VECES

EQUIPO GOLEADOR
BRASIL: 18 GOLES EN 7 PARTIDOS

GOLEADOR
BOTA DE ORO, 8 GOLES
RONALDO (BRASIL)
BOTA DE PLATA, 5 GOLES
KLOSE (ALEMANIA), RIVALDO (BRASIL)

PREMIO FAIR-PLAY
BÉLGICA

MEJOR JUGADOR
BALÓN DE ORO
OLIVER KAHN (ALEMANIA)
BALÓN DE PLATA
RONALDO (BRASIL)
BALÓN DE BRONCE
HONG MYUNG-BO (COREA DEL SUR)

T. AMARILLA
266 (Ø: 4,16 POR PARTIDO)

T. AMARILLA-ROJA
6 (Ø: 0,09 POR PARTIDO)

T. ROJA
11 (Ø: 0,17 POR PARTIDO)

MEJOR ARQUERO
OLIVER KAHN (ALEMANIA)

MEJOR JUGADOR JOVEN
LANDON DONOVAN, 20 AÑOS (EE.UU.)

3 O MÁS GOLES EN UN PARTIDO
3 GOLES: PAULETA (PORTUGAL–POLONIA), KLOSE (ALEMANIA–ARABIA SAUDITA)

PENALES
18: 13 CONVERTIDOS, 5 ERRADOS

EQUIPO IDEAL 2002

2006 ALEMANIA

ZIDANE LE DA UN CABEZAZO A MATERAZZI EN LA FINAL

2006 ALEMANIA

La imagen de Zinedine Zidane cabeceando en el pecho a Marco Materazzi quedará eternamente vinculada a un Mundial que tuvo momentos más que emocionantes durante los 30 días corridos entre el 9 de junio y el 9 de julio.

La Selección de Alemania logró puntaje ideal en su grupo, no perdió en tiempo reglamentario, y se metió entre los mejores cuatro al dejar en el camino a Suecia y Argentina (por penales). Ése fue el partido en el que -inexplicablemente- el entrenador José Pekerman no sacó del banco de los suplentes a un tal Lionel Messi, de sólo 19 años, y en el cual el arquero Jens Lehmann apeló a un "ayuda memoria" para adivinar los cuatro remates y tapar dos.

Los anfitriones soñaban con una fiesta total en semifinales, pero Italia aguantó, llevó la definición a la prórroga y dio El "Golpe de Noche" en Dortmund; debieron conformarse con el tercer puesto y con la Bota de Oro para el delantero Miroslav Klose, que marcó 5 goles, 2 de ellos en la goleada 4-2 a Costa Rica en el partido inaugural.

Tras haber eliminado a las potentes selecciones de España, Brasil y Portugal, "Zizou" buscaba retirarse con toda la gloria. Hizo el gol tempranero que lo acercaba a su segundo campeonato mundial pero pronto llegó el 1:1 que se mantuvo hasta el fatal minuto 110 del suplementario. ¿Qué le habrá dicho Materazzi para recibir como respuesta una agresión física semejante? El capitán galo se nubló, el árbitro Horacio Elizondo le mostró la tarjeta roja, y fue testigo impotente de la definición por penales que le dio a Italia su cuarto título después de 24 años.

Fabio Grosso, que había sido el verdugo de los alemanes, fue también quien marcó el penal decisivo, por lo que pasó de ser "Il Principe di Dortmund" a convertirse en "Il Re di Berlino".

ZIDANE DEJA EL ESTADIO LUEGO DE SER EXPULSADO,
LOS ESPECTADORES NO LO PUEDEN CREER

EL ACROBÁTICO MIROSLAV KLOSE
GANÓ EL BOTÍN DE ORO CON
CINCO GOLES

RONALDO ES DESDE EL 2006 EL MÁXIMO GOLEADOR EN LA HISTORIA DE LOS MUNDIALES, AL ANOTAR 15 GOLES. AQUÍ EL ÚLTIMO, ENGAÑANDO AL ARQUERO GHANÉS RICHARD KINGSON CON UNO DE SUS CLÁSICOS MOVIMIENTOS

EL CAPITÁN ALEMÁN MICHAEL BALLACK ENTRA AL CAMPO DE JUEGO

EL ARQUERO ALEMÁN JENS LEHMANN RECIBIÓ UN PAPELITO CON INDICACIONES SOBRE LAS PREFERENCIAS DE LOS JUGADORES ARGENTINOS A LA HORA DE PATEAR LOS PENALES: TAPÓ DOS

¡AUTSCH!

WAYNE ROONEY PONE EN PELIGRO "LOS PLANES FAMILIARES" DE RICARDO CARVALHO. CRISTIANO RONALDO LE INSISTE AL ÁRBITRO SOBRE LA GRAVEDAD DE LA FALTA Y LOGRA LA EXPULSIÓN DE SU COMPAÑERO EN EL MANCHESTER UNITED. CONFORME CON SU FAENA, CR7 LE REGALA UN GUIÑO DE OJOS A SU BANCO DE SUPLENTES

BERTO CARLOS Y COMPAÑÍA SE DUERMEN Y DEJAN
LO A THIERRY HENRY. 1:0. ¡FRANCIA PASA A LA SEMIFINAL!

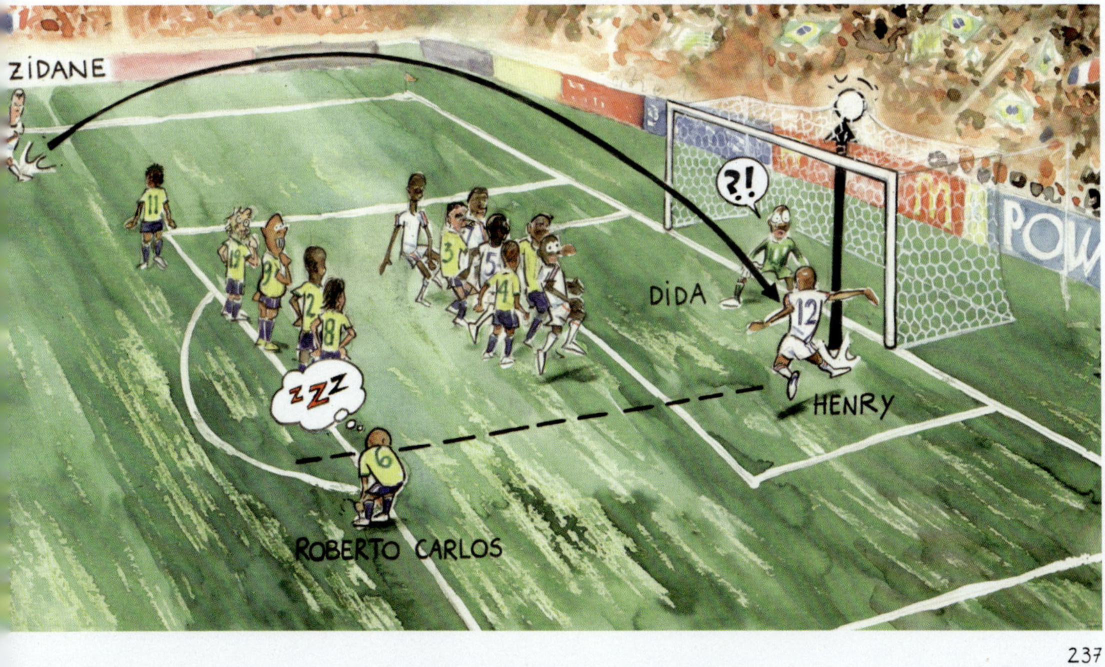

Champion

LOS CAMPEONES de 2006: ITALIA
ARRIBA: GIANLUIGI BUFFON, MARCO MATERAZZI, LUCA TONI, FABIO GROSSO, FRANCESCO TOTTI. ABAJO: GENNARO GATTUSO, ANDREA PIRLO, MAURO CAMORANESI, FABIO CANNAVARO, GIANLUCA ZAMBROTTA, SIMONE PERROTTA

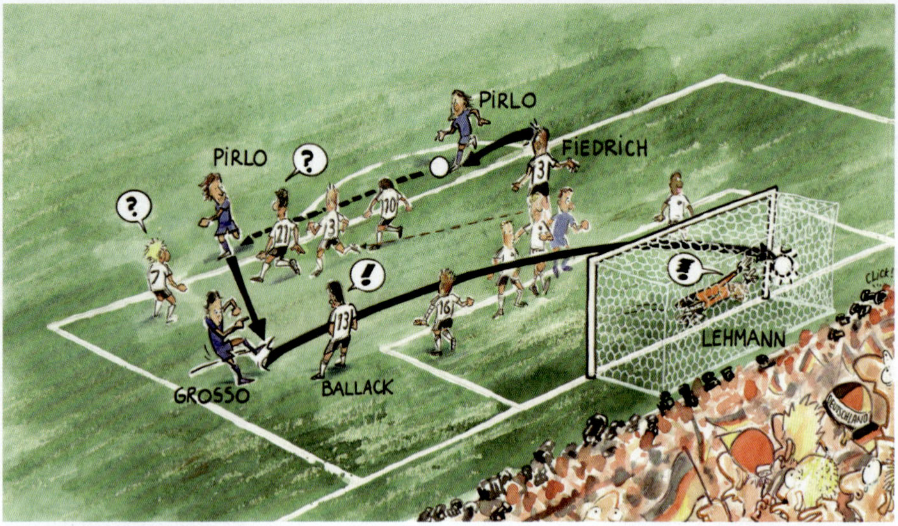

EL EQUIPO ANFITRIÓN ELIMINADO POR ITALIA. GROSSO EN EL MINUTO 119 MARCA EL 1:0 PARA SU EQUIPO

LA PELOTA DE LA FINAL

LA FINAL 9 de JULIO de 2006

ITALIA 1:1 FRANCIA (PRÓRROGA)

DEFINICIÓN POR PENALES: 5:3

OLYMPIASTADION, BERLÍN
ESPECTADORES: 69.000
ÁRBITRO: HORACIO ELIZONDO (ARGENTINA)

EL DT MARCELLO LIPPI GANA EL CUARTO MUNDIAL PARA ITALIA

0:1
ZIDANE, CON CLASE,
MARCA DE PENAL
MINUTO 7
ZIDANE 10
MATERAZZI DE CABEZA
1:1
MINUTO 19
BARTHEZ 16
PRÓRROGA
MINUTO 111
EL MOMENTO QUE SHOQUEÓ AL MUNDO ENTERO: ZIDANE CULMINA SU BRILLANTE CARRERA CON UNA AGRESIÓN A MATERAZZI Y ES EXPULSADO DE LA FINAL
DEFINICIÓN POR PENALES: TREZEGUET... ...¡¡¡TRAVESAAAÑO!!!
GROSSO... ...¡¡¡GOOOOL!!!
¡LA VICTORIA!
¡ITALIA CAMPEÓN!
-ACZEL-

EL MUNDIAL 2006 EN RESUMEN

GRUPO A

FECHA	EQUIPO	RES.	EQUIPO
09.06.	ALEMANIA	4:2	COSTA RICA
09.06.	POLONIA	0:2	ECUADOR
14.06.	ALEMANIA	1:0	POLONIA
15.06.	ECUADOR	3:0	COSTA RICA
20.06.	ECUADOR	0:3	ALEMANIA
20.06.	COSTA RICA	1:2	POLONIA

PTS: ALEMANIA 9, ECUADOR 6, POLONIA 3, COSTA RICA 0

GRUPO B

FECHA	EQUIPO	RES.	EQUIPO
10.06.	INGLATERRA	1:0	PARAGUAY
10.06.	TRINIDAD & TOBAGO	0:0	SUECIA
15.06.	INGLATERRA	2:0	TRINIDAD & TOBAGO
15.06.	SUECIA	1:0	PARAGUAY
20.06.	SUECIA	2:2	INGLATERRA
20.06.	PARAGUAY	2:0	TRINIDAD & TOBAGO

PTS: INGLATERRA 7, SUECIA 5, PARAGUAY 3, TRINIDAD & TOBAGO 1

GRUPO C

FECHA	EQUIPO	RES.	EQUIPO
10.06.	ARGENTINA	2:1	COSTA DE MARFIL
11.06.	SERBIA & MONTEN.	0:1	PAÍSES BAJOS
16.06.	ARGENTINA	6:0	SERBIA & MONTEN.
16.06.	PAÍSES BAJOS	2:1	COSTA DE MARFIL
21.06.	PAÍSES BAJOS	0:0	ARGENTINA
21.06.	COSTA DE MARFIL	3:2	SERBIA & MONTEN.

PTS: ARGENTINA 7, PB 7, COSTA DE MARFIL 3, SERBIA & MONTEN. 0

GRUPO D

FECHA	EQUIPO	RES.	EQUIPO
11.06.	MÉXICO	3:1	IRÁN
11.06.	ANGOLA	0:1	PORTUGAL
16.06.	MÉXICO	0:0	ANGOLA
17.06.	PORTUGAL	2:0	IRÁN
21.06.	PORTUGAL	2:1	MÉXICO
21.06.	IRÁN	1:1	ANGOLA

PTS: PORTUGAL 9, MÉXICO 4, ANGOLA 2, IRÁN 1

GRUPO E

FECHA	EQUIPO	RES.	EQUIPO
12.06.	ITALIA	2:0	GHANA
12.06.	EE.UU.	0:3	REP. CHECA
17.06.	ITALIA	1:1	EE.UU.
17.06.	REP. CHECA	0:2	GHANA
22.06.	REP. CHECA	0:2	ITALIA
22.06.	GHANA	2:1	EE.UU.

PTS: ITALIA 7, GHANA 6, CHECOSLOVAQUIA 3, EE.UU. 1

GRUPO F

FECHA	EQUIPO	RES.	EQUIPO
12.06.	AUSTRALIA	3:1	JAPÓN
13.06.	BRASIL	1:0	CROACIA
18.06.	BRASIL	2:0	AUSTRALIA
18.06.	JAPÓN	0:0	CROACIA
22.06.	JAPÓN	1:4	BRASIL
22.06.	CROACIA	2:2	AUSTRALIA

PTS: BRASIL 9, AUSTRALIA 4, CROACIA 2, JAPÓN 1

GRUPO G

FECHA	EQUIPO	RES.	EQUIPO
13.06.	FRANCIA	0:0	SUIZA
13.06.	COREA DEL SUR	2:1	TOGO
18.06.	FRANCIA	1:1	COREA DEL SUR
19.06.	TOGO	0:2	SUIZA
23.06.	TOGO	0:2	FRANCIA
23.06.	SUIZA	2:0	COREA DEL SUR

PTS: SUIZA 7, FRANCIA 5, COREA DEL SUR 4, TOGO 0

GRUPO H

FECHA	EQUIPO	RES.	EQUIPO
14.06.	ESPAÑA	4:0	UCRANIA
14.06.	TÚNEZ	2:2	ARABIA SAUDITA
19.06.	ESPAÑA	3:1	TÚNEZ
19.06.	ARABIA SAUDITA	0:4	UCRANIA
23.06.	ARABIA SAUDITA	0:1	ESPAÑA
23.06.	UCRANIA	1:0	TÚNEZ

PTS: ESPAÑA 9, UCRANIA 6, TÚNEZ 1, ARABIA SAUDITA 1

OCTAVOS DE FINAL

FECHA	EQUIPO	RES.	EQUIPO
24.06.	ALEMANIA	2:0	SUECIA
24.06.	ARGENTINA	2:1 T.S.	MÉXICO
25.06.	INGLATERRA	1:0	ECUADOR
25.06.	PORTUGAL	1:0	PAÍSES BAJOS
26.06.	ITALIA	1:0	AUSTRALIA
26.06.	SUIZA	0:0 T.S., 0:3 P.	UCRANIA
27.06.	BRASIL	3:0	GHANA
27.06.	ESPAÑA	1:3	FRANCIA

CUARTOS DE FINAL

FECHA	EQUIPO	RES.	EQUIPO
30.06.	ALEMANIA	1:1 T.S., 4:2 P.	ARGENTINA
30.06.	ITALIA	3:0	UCRANIA
01.07.	INGLATERRA	0:0 T.S., 1:3 P.	PORTUGAL
01.07.	BRASIL	0:1	FRANCIA

SEMIFINAL

FECHA	EQUIPO	RES.	EQUIPO
04.07.	ALEMANIA	0:2 T.S.	ITALIA
05.07.	PORTUGAL	0:1	FRANCIA

3ER PUESTO

FECHA	EQUIPO	RES.	EQUIPO
08.07.	ALEMANIA	3:1	PORTUGAL

FINAL

FECHA	EQUIPO	RES.	EQUIPO
09.07.	ITALIA	1:1 T.S., 5:3 P.	FRANCIA

CAMPEÓN:
ITALIA

ENTRADA DEL MUNDIAL 2006

PARTICIPANTES
32 (DE 198 SELECCIONES)

JUGADORES EN CAMPO
598

GOL MÁS RAPIDO
68 SEGUNDOS: GYAN
(GHANA–CHECOSLOVAQUIA)

GOLEADOR
BOTA DE ORO, 5 GOLES
MIROSLAV KLOSE (ALEMANIA)
BOTA DE PLATA, 3 GOLES
HERNAN CRESPO (ARGENTINA)
BOTA DE BRONCE, 3 GOLES
RONALDO (BRASIL)

MEJOR ARQUERO
GIANLUIGI BUFFON (ITALIA)

MEJOR JUGADOR JOVEN
LUKAS PODOLSKI,
21 AÑOS (ALEMANIA)

PERIODO
09. 06. 2006–09. 07. 2006

PARTIDOS
64

MÁS VECES MAN OF THE MATCH
ANDREA PIRLO (ITALIA), 3 VECES

PREMIO FAIR-PLAY
BRASIL UND ESPAÑA

T. AMARILLA
326 (Ø: 5,09 POR PARTIDO)
T. AMARILLA-ROJA
19 (Ø: 0,3 POR PARTIDO)
T. ROJA
9 (Ø: 0,14 POR PARTIDO)

3 O MÁS GOLES EN UN PARTIDO
-

ASISTENTES
3.359.439 (Ø: 52.491 POR PARTIDO)

GOLES
147 (Ø: 2,3 POR PARTIDO)

GOLES EN CONTRA
4

EQUIPO GOLEADOR
ALEMANIA: 14 GOLES
EN 7 PARTIDOS

MEJOR JUGADOR
BALÓN DE ORO
ZINEDINE ZIDANE (FRANCIA)
BALÓN DE PLATA
FABIO CANNAVARO (ITALIA)
BALÓN DE BRONCE
ANDREA PIRLO (ITALIA)

PENALES
16: 13 CONVERTIDOS,
3 ERRADOS

EQUIPO IDEAL 2006

SOUTH
AFRICA

2010 SUDÁFRICA

NI UN SEGUNDO PARARON DE SONAR LAS VUVUZELAS

2010 SUDÁFRICA

Un estruendo insoportable, el zumbido de lo que parecían millones de avispas: las vuvuzelas fueron, sin duda alguna, el marco acústico del Mundial de Sudáfrica. Junto con el Waka Waka de Shakira, claro. Así empezaba (o sonaba) el primer mundial celebrado en África , entre el 11 de junio y el 11 de julio.

En lo futbolístico, Serbia y Eslovaquia participarían por primera vez, y este último seleccionado dando alguna sorpresa: con una victoria por 3-2 en el cierre de su grupo, ¡eliminó a Italia, el campeón defensor! La Selección de Francia también dijo "Au revoir!" tras la primera ronda, en uno de los peores mundiales que se recuerdan.

El seleccionado alemán, conducido por Joachim Löw consiguió -nuevamente- los mejores resultados con 16 goles; en octavos de final vapuleó 4-1 a Inglaterra, y el disparo de Frank Lampard que rebotó en el travesaño y traspasó la línea de gol, no fue convalidado por el árbitro, por lo que se lo bautizó como "la venganza de Wembley".

Diego Armando Maradona tomó las riendas y debut en la Copa del Mundo como entrenador de la Selección Argentina con su sucesor, Lionel Messi, luciendo la 10 y la cinta de capitán. Después de hilvanar cuatro triunfos al hilo, la albiceleste sucumbió ante los alemanes, y se acabó el ciclo del Diez.

Para Uruguay, en cambio, fue su mejor Mundial desde 1970: alcanzó el tercer puesto de un torneo en el que el delantero Luis Suárez atajó una pelota con destino de gol, Sebastián Abreu "picó" un penal decisivo (y lo metió), y en el que Diego Forlán fue elegido como Mejor jugador del certamen.

Países Bajos se volvió a ilusionar con alcanzar un trofeo esquivo y se deshizo de rivales de fuste pero en la final la nueva "Naranja Mecánica" se topó con la "Furia Roja". España, que había ganado la Copa de Europa dos años antes, llegaba con el mote de candidata y no le pesó. Con la conducción de Andrés Iniesta, la marca de Sergio Ramos y Gerard Piqué, y los goles de David Villa, se impuso en la final por 1-0 y gritó campeón por primera vez en su historia.

INIESTA, EN EL MINUTO 116, MARCÓ EL ÚNICO GOL Y LE DIO SU PRIMERA ESTRELLA A ESPAÑA

"LA VENGANZA DE WEMBLEY 1966": EL TIRO DE FRANK LAMPARD ENTRÓ PERO NO FUE COBRADO

EL DELANTERO LUIS SUÁREZ (URUGUAY - GHANA) CON UNA ATAJADA MEMORABLE EN EL ÚLTIMO SEGUNDO MANTIENE LITERALMENTE A SU EQUIPO EN EL TORNEO

LUIS FABIANO, "A DOS MANOS"

EL BRASILEÑO FABIANO PRIMERO CON LA IZQUIERDA Y LUEGO CON LA DERECHA. Y EL ÁRBITRO PREGUNTA: ¿CON EL PECHO? - ¡SI, CLARO! - BUENO, LE CREO

HUELGA: LOS JUGADORES DE FRANCIA TIENEN PROBLEMAS CON EL DIRECTOR TÉCNICO

DIEGO FORLÁN, EL MEJOR JUGADOR DEL TORNEO, DECISIVO EN CADA JUEGO

¡AL FIN OTRO MÜLLER EN EL EQUIPO ALEMÁN! THOMAS MÜLLER SE GANÓ EL TÍTULO DE GOLEADOR CON CINCO GOLES

EN LA SEMIFINAL ANTE URUGUAY, EL NEERLANDÉS PATEA DESDE 40 METROS Y HACE VIBRAR EL ARCO

TOTALMENTE LIBRE CABECEA PUYOL DESPUÉS DE UN CORNER DE XAVI Y LOGRA EL 1:0 DEFINITIVO EN LA SEMIFINAL CONTRA ALEMANIA

LA TV HIZO FAMOSO AL "PULPO PAUL", UN MOLUSCO CON DOTES DE VIDENTE: ADIVINÓ EL RESULTADO CORRECTO DE 12 PARTIDOS

LA PELOTA DE LA FINA

EL PADRE DE LA VICTORIA: VICENTE DEL BOSQUE, DIRECTOR TÉCNICO DE ESPAÑA

LA FINAL 11 de JULIO de 2010

HOLANDA 0:1 ESPAÑA (PRÓRROGA)

SOCCER CITY, JOHANNESBURG
ESPECTADORES: 84.490
ÁRBITRO: HOWARD WEBB (INGLATERRA)

ANTES DEL PARTIDO
JIMMY JUMP QUIERE COLOCARLE UN SOMBRERO A LA COPA
Jimmy Jump
MINUTO 28
NIGEL DE JONG LE PEGA UNA PATADA DE KUNG-FU A XABI ALONSO
CASILLAS ATAJA UN MANO A MANO A ROBBEN
MINUTO 28
ROJA PARA EL 3 DE HOLANDA
PRÓRROGA
MINUTO 109
HEITINGA
MINUTO 116
FABREGAS PARA INIESTA...
¡GOOOOOL!
DANI JARQUE SIEMPRE CON NOSOTROS
¡ESPAÑA CAMPEÓN!
-ACZEL-

EL MUNDIAL 2010 EN RESUMEN

GRUPO A

FECHA	EQUIPO	RES.	EQUIPO
11.06.	SUDÁFRICA	1:1	MÉXICO
11.06.	URUGUAY	0:0	FRANCIA
16.06.	SUDÁFRICA	0:3	URUGUAY
17.06.	FRANCIA	0:2	MÉXICO
22.06.	MÉXICO	0:1	URUGUAY
22.06.	FRANCIA	1:2	SUDÁFRICA

PTS: URUGUAY 7, MÉXICO 4, SUDÁFRICA 4, FRANCIA 1

GRUPO B

FECHA	EQUIPO	RES.	EQUIPO
12.06.	COREA DEL SUR	2:0	GRECIA
12.06.	ARGENTINA	1:0	NIGERIA
17.06.	ARGENTINA	4:1	COREA DEL SUR
17.06.	GRECIA	2:1	NIGERIA
22.06.	NIGERIA	2:2	COREA DEL SUR
22.06.	GRECIA	0:2	ARGENTINA

PTS: ARGENTINA 9, COREA DEL SUR 4, GRECIA 3, NIGERIA 1

GRUPO C

FECHA	EQUIPO	RES.	EQUIPO
12.06.	INGLATERRA	1:1	EE.UU.
13.06.	ARGELIA	0:1	ESLOVENIA
18.06.	ESLOVENIA	2:2	EE.UU.
18.06.	INGLATERRA	0:0	ARGELIA
23.06.	EE.UU.	1:0	ARGELIA
23.06.	ESLOVENIA	0:1	INGLATERRA

PTS: EE. UU. 5, INGLATERRA 5, ESLOVENIA 4, ARGELIA 1

GRUPO D

FECHA	EQUIPO	RES.	EQUIPO
13.06.	SERBIA	0:1	GHANA
13.06.	ALEMANIA	4:0	AUSTRALIA
18.06.	ALEMANIA	0:1	SERBIA
19.06.	GHANA	1:1	AUSTRALIA
23.06.	AUSTRALIA	2:1	SERBIA
23.06.	GHANA	0:1	ALEMANIA

PTS: ALEMANIA 6, GHANA 4, AUSTRALIA 4, SERBIA 3

GRUPO E

FECHA	EQUIPO	RES.	EQUIPO
14.06.	PAÍSES BAJOS	2:0	DINAMARCA
14.06.	JAPÓN	1:0	CAMERÚN
19.06.	PAÍSES BAJOS	1:0	JAPÓN
19.06.	CAMERÚN	1:2	DINAMARCA
24.06.	DINAMARCA	1:3	JAPÓN
24.06.	CAMERÚN	1:2	PAÍSES BAJOS

PTS: PAÍSES BAJOS 9, JAPÓN 6, DINAMARCA 3, CAMERÚN 9

GRUPO F

FECHA	EQUIPO	RES.	EQUIPO
14.06.	ITALIA	1:1	PARAGUAY
15.06.	NUEVA ZELANDA	1:1	ESLOVAQUIA
20.06.	ESLOVAQUIA	0:2	PARAGUAY
20.06.	ITALIA	1:1	NUEVA ZELANDA
24.06.	ESLOVAQUIA	3:2	ITALIA
24.06.	PARAGUAY	0:0	NUEVA ZELANDA

PTS: PARAGUAY 5, ESLOVAQUIA 4, NUEVA ZELANDA 3, ITALIA 2

GRUPO G

FECHA	EQUIPO	RES.	EQUIPO
15.06.	COSTA DE MARFIL	0:0	PORTUGAL
15.06.	BRASIL	2:1	COREA DEL NORTE
20.06.	BRASIL	3:1	COSTA DE MARFIL
21.06.	PORTUGAL	7:0	COREA DEL NORTE
25.06.	PORTUGAL	0:0	BRASIL
25.06.	COREA DEL NORTE	0:3	COSTA DE MARFIL

PTS: BRASIL 7, PORT. 5, COSTA DE MARFIL 4, COREA DEL NORTE 0

GRUPO H

FECHA	EQUIPO	RES.	EQUIPO
16.06.	HONDURAS	0:1	CHILE
16.06.	ESPAÑA	0:1	SUIZA
21.06.	CHILE	1:0	SUIZA
21.06.	ESPAÑA	2:0	HONDURAS
25.06.	CHILE	1:2	ESPAÑA
25.06.	SUIZA	0:0	HONDURAS

PTS: ESPAÑA 6, CHILE 6, SUIZA 4, HONDURAS 1

OCTAVOS DE FINAL

FECHA	EQUIPO	RES.	EQUIPO
26.06.	URUGUAY	2:1	COREA D. S.
26.06.	EE.UU.	1:2 T.S.	GHANA
27.06.	ALEMANIA	4:1	INGLATERRA
27.06.	ARGENTINA	3:1	MÉXICO
28.06.	PAÍSES BAJOS	2:1	ESLOVAQUIA
28.06.	BRASIL	3:0	CHILE
29.06.	PARAGUAY	0:0 T.S., 5:3 P.	JAPÓN
29.06.	ESPAÑA	1:0	PORTUGAL

3ER PUESTO

FECHA	EQUIPO	RES.	EQUIPO
10.07.	URUGUAY	2:3	ALEMANIA

CUARTOS DE FINAL

FECHA	EQUIPO	RES.	EQUIPO
02.07.	PAÍSES BAJOS	2:1	BRASIL
02.07.	URUGUAY	1:1 T.S., 4:2 P.	GHANA
03.07.	ARGENTINA	0:4	ALEMANIA
03.07.	PARAGUAY	0:1	ESPAÑA

SEMIFINAL

FECHA	EQUIPO	RES.	EQUIPO
06.07.	URUGUAY	2:3	PAÍSES BAJOS
07.07.	ALEMANIA	0:1	ESPAÑA

FINAL

FECHA	EQUIPO	RES.	EQUIPO
11.07.	PAÍSES B.	0:1 T.S.	ESPAÑA

CAMPEÓN: ESPAÑA

ENTRADA DEL MUNDIAL 2010

PARTICIPANTES
32 (DE 206 SELECCIONES)

JUGADORES EN CAMPO
599

GOL MÁS RAPIDO
2 MINUTOS: THOMAS MÜLLER (ALEMANIA–ARGENTINA)

GOLEADOR
BOTA DE ORO, 5 GOLES
THOMAS MÜLLER (ALEMANIA)
BOTA DE PLATA, 5 GOLES
DAVID VILLA (ESPAÑA)
BOTA DE BRONCE, 5 GOLES
WESLEY SNEIJDER (PAÍSES BAJOS)

MEJOR ARQUERO
IKER CASILLAS (ESPAÑA)

MEJOR JUGADOR JOVEN
THOMAS MÜLLER, 20 AÑOS (ALEMANIA)

PERIODO
11. 06. 2010–11. 07. 2010

PARTIDOS
64

MÁS VECES MAN OF THE MATCH
WESLEY SNEIJDER (PAÍSES BAJOS), 4 VECES

PREMIO FAIR-PLAY
ESPAÑA

T. AMARILLA
261 (Ø: 4,08 POR PARTIDO)

T. AMARILLA-ROJA
8 (Ø: 0,13 POR PARTIDO)

T. ROJA
9 (Ø: 0,14 POR PARTIDO)

3 O MÁS GOLES EN UN PARTIDO
3 GOLES: GONZALO HIGUAÍN (ARGENTINA - COREA DEL SUR)

ASISTENTES
3.178.856 (Ø: 49.670 POR PARTIDO)

GOLES
145 (Ø: 2,27 POR PARTIDO)

GOLES EN CONTRA
2

EQUIPO GOLEADOR
ALEMANIA: 16 GOLES EN 7 PARTIDOS

MEJOR JUGADOR
BALÓN DE ORO
DIEGO FORLÁN (URUGUAY)
BALÓN DE PLATA
WESLEY SNEIJDER (PAÍSES BAJOS)
BALÓN DE BRONCE
DAVID VILLA (ESPAÑA)

PENALES
15: 9 CONVERTIDOS, 6 ERRADOS

EQUIPO IDEAL 2010

FLY
FLY
ACZEL

2014 BRASIL

EL FANTASMA DEL "MARACANAZO" DE 1950 SUMÓ UN COLEGA EN 2014: "MINEIRAZO". ALEMANIA BAILA SAMBA CON BRASIL Y OFRECE UN SHOW DE GOLES PARA LA ETERNIDAD. UNA RÁFAGA IMPENSADA, INÉDITA, QUE TERMINÓ EN UN CATASTRÓFICO 1-7

2014 BRASIL

Pasaron 64 años para que la Copa del Mundo regrese a la tierra del "jogo bonito" y con la final prevista a jugarse en el emblemático Maracaná, la afición local soñaba con una revancha de lo acontecido en 1950 ante Uruguay.

Para esta cita, disputada entre el 12 de junio y el 13 de julio, se clasificaron 32 seleccionados, incluido el debutante Bosnia y Herzegovina. Con un total de 171 goles, el torneo fue junto con el de Francia 1998- el de mayor cantidad de goles en la historia de los mundiales.

Entre los hechos más destacados está el gol de Robin van Persie, quien se lanzó de palomita para empatar y abrir la goleada 5-1 de Países Bajos sobre el campeón vigente, España.

Por otro lado, el gran delantero uruguayo Luis Suárez mordió en el hombro al italiano Giorgio Chiellini, y por ser reincidente en la agresión sería sancionado duramente con prohibición de jugar. De todos modos, Uruguay superó a Italia pero quedó afuera en la segunda ronda, donde el colombiano James Rodríguez anotó, con una volea magistral, el mejor gol del campeonato a la vez que se consagró como máximo artillero con seis tantos.

Pero ¿había razones para que los brasileños se ilusionaran? El "Scratch" llegaba a cuartos tras eliminar a Chile por penales, donde lo aguardaba precisamente Colombia, un rival conocido de la fase de Eliminatorias. Más allá del 2-1 que le dio el pase a semis, la lesión artera que sufrió Neymar Jr. (fractura de una vértebra lumbar) lo privaba de contar con su mejor atacante en la siguiente fase.

Del otro lado de la llave avanzaba la Selección Argentina, con Lionel Messi como conductor de un equipo joven y con ganas de ganar nuevamente un título. Suiza, Bélgica y Países Bajos no pudieron con la Albiceleste que llegó nuevamente a la final tras 24 años. Pero más allá de lo que sintieran los conjuntos sudamericanos, Alemania tenía otros planes: ganó su grupo, superó a Argelia y Francia, y vapuleó al anfitrión. Brasil sufrió (y en su propia casa) la mayor derrota de su historia; cinco goles cayeron en un lapso de 18 minutos de la primera mitad (cuatro de ellos en apenas seis minutos), en lo que pareció un partido de profesionales contra "meninos".

1: 0. GÖTZE DECIDE LA BATALLA FINAL CONTRA ARGENTINA Y LE DA EL MUNDIAL A ALEMANIA CON UN GOL EN EL MINUTO 113

Así las cosas, Argentina y Alemania se veían las caras por tercera en una final, con un triunfo por lado. El domingo 13 de julio, los dirigidos de Joachim Löw se encontraron con un oponente que, aun siendo superior en gran parte del encuentro, no pudo concretar las oportunidades que creaba. Todo parecía encaminado a la tanda de penales pero en el minuto 113, Mario Götze marcaría el único tanto que convertiría a la selección europea en la primera en llevarse la Copa del continente americano.
Para Brasil las cosas no podían haber salido peor: Países Bajos le asestó otro golpe al golearlo 3-0 y quitarle el tercer puesto, "tristeza não tem fim"...

"LA PALOMITA DE VAN PERSIE"
VOLANDO COMO UN SUPERHÉROE DEL FÚTBOL: ROBIN VAN PERSIE ANOTÓ EL 1:1 FRENTE A ESPAÑA. UN ICÓNICO GOLAZO QUE INICIÓ EL CAMINO DE UNA HISTÓRICA GOLEADA. NUNCA ANTES HABÍA PERDIDO UN CAMPEÓN POR TAMAÑA DIFERENCIA EN EL TORNEO POSTERIOR. RESULTADO: 1:5. LA VENGANZA DE PAÍSES BAJOS POR LA FINAL DEL 2010 ERA PERFECTA

"CUIDADO QUE MUERDE"
SUÁREZ CLAVA SUS DIENTES EN EL HOMBRO DE CHIELLINI Y POSTERIORMENTE ES SUSPENDIDO POR CUATRO MESES Y NUEVE PARTIDOS. ADEMÁS, UNA MULTA DE 82.000 EUROS, QUE SE LE IMPUSO PORQUE ÉSTE NO HABÍA SIDO EL PRIMER "BOCADO" DE SU CARRERA Y POR LO TANTO LO CALIFICABA COMO REINCIDENTE

FÚTBOL, COLOR Y ALEGRÍA: HASTA SU LESIÓN, NEYMAR JR. FUE EL ALMA DE BRASIL

ITALIA, PORTUGAL, ESPAÑA E INGLATERRA:
CUATRO SELECCIONES FUERTES
NO SOBREVIVEN A LA FASE DE GRUPOS.
UN LLAMADO DE ATENCIÓN PARA EL
FÚTBOL EUROPEO

BRASIL, SEDE DEL FÚTBOL CREATIVO Y TÉCNICAMENTE BRILLANTE, TENDRÁ QUE SEGUIR EL EJEMPLO DE ALEMANIA EN SU EXCELENTE TRABAJO DE FORMACIÓN DE JÓVENES TALENTOS, OPINARON RONALDO Y RONALDINHO TRAS EL ESTREPITOSO FRACASO

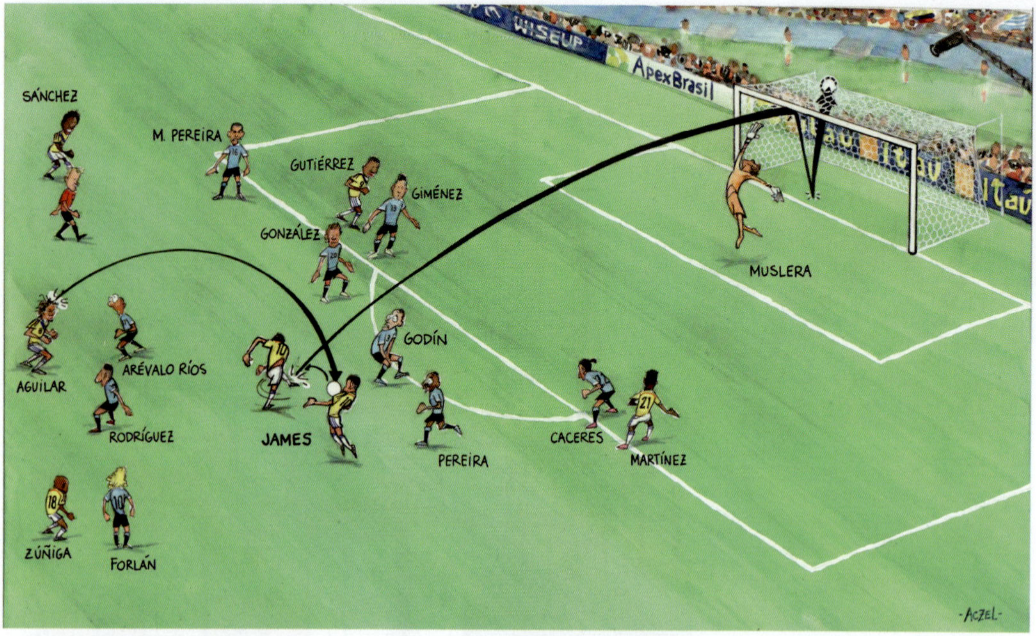

A LOS 22 AÑOS DE EDAD EL COLOMBIANO JAMES RODRÍGUEZ, SE TRANSFORMA EN UNA ESTRELLA MUNDIAL, Y CON SEIS GOLES, EN EL GOLEADOR DEL CAMPEONATO. ESTE FUE SU MEJOR GOL: PECHO Y ZURDAZO DE VOLEA CONTRA URUGUAY

EL SPRAY (INVENCIÓN DE UN ARGENTINO) Y EL SISTEMA DE DETECCIÓN AUTOMÁTICA DE GOLES (PARA NO REPETIR EL ERROR QUE SUFRIÓ LAMPARD EN 2010), DEBUTAN EN LOS MUNDIALES

EL CAPITÁN DE "LOS TICOS" BRYAN RUIZ. LA SENSACIÓN: EL PEQUEÑO PAÍS COSTA RICA CLASIFICA COMO PRIMERO DEL GRUPO DEJANDO ATRÁS A URUGUAY, ITALI E INGLATERRA. LUEGO DE VENCER A GRECI CAE EN LOS CUARTOS DE FINAL CONTRA PAÍSES BAJOS EN LA DEFINICIÓN POR PENALES

MEROUANE FELLAINI (BÉLGICA), Y SU IMPRESIONANTE CABELLERA

CON 16 TANTOS MUNDIALISTAS Y A LOS 36 AÑOS, MIROSLAV KLOSE (ALEMANIA) SUPERÓ A RONALDO (BRASIL) Y QUEDÓ COMO MÁXIMO GOLEADOR DE TODOS LOS TIEMPOS: 5 GOLES EN 2002, 5 EN 2006, 4 EN 2010 Y 2 EN 2014

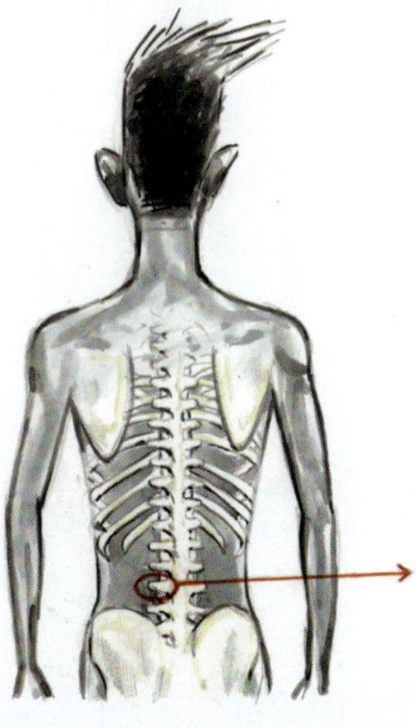

NEYMAR LLEVA TODA LA ESPERANZA DE BRASIL EN SU ESPALDA, QUE PARADÓJICAMENTE, SE LA ROMPEN. COMO UN BÚFALO, EL LATERAL COLOMBIANO CAMILO ZÚÑIGA ATROPELLA CON UN RODILLAZO CRIMINAL AL 10 DE BRASIL. DIAGNÓSTICO: FRACTURA DE LA TERCERA VÉRTEBRA LUMBAR

adidas
1
13
5
2014

LOS CAMPEONES DE 2014: ALEMANIA
ARRIBA: MANUEL NEUER, BENEDIKT HÖWEDES, SAMI KHEDIRA, MATS HUMMELS, JÉRÔME BOATENG, MIROSLAV KLOSE. ABAJO: PHILIPP LAHM, TONI KROOS, THOMAS MÜLLER, MESUT ÖZIL, BASTIAN SCHWEINSTEIGER

JOACHIM LÖW, ENTRENADOR DE UNA GENERACIÓN DE ORO

¡VALIÓ LA PENA! AL FINAL, LA DISCIPLINA, ESPÍRITU DE EQUIPO, EL SIEMPRE CONTINUAR Y NO BAJAR LOS BRAZOS SON RECOMPENSADOS

EL BALÓN DE LA FINAL

PREMIO CONSUELO: LIONEL MESSI, GANADOR DEL BALÓN DE ORO. OBVIAMENTE, HUBIERA PREFERIDO SER CAMPEÓN DEL MUNDO

LA FINAL 13 de JULIO de 2014

ALEMANIA 1:0 ARGENTINA (PRÓRROGA)

ESTÁDIO DO MARACANÃ, RIO DE JANEIRO
ESPECTADORES: 74.738
ÁRBITRO: NICOLA RIZZOLI (ITALIA)

ANTES DEL COMIENZO
DOS GRANDES PEQUEÑOS SE SALUDAN
MINUTO 17
GARAY NOQUEA A KRAMER. MUY CONFUNDIDO NO PUEDE CONTINUAR
POC!
MINUTO 21
¡HIGUAÍN!... ¡SE LO ERRÓ!
PTTTT!
MINUTO 30
¡GOOOL!!! DE ARGENTINA!... ¡NO! OFFSIDE
HOWEDES... EL BALÓN CONTRA EL POSTE
TAC!
MINUTO 45
MINUTO 57
NEUER PLANTA SU RODILLA EN LA OREJA DE HIGUAÍN. ¡NO COBRAN PENAL!
PLUM!
UHG!...
PRÓRROGA
A SCHWEINSTEIGER LO COSEN Y SIGUE JUGANDO
CENTRO PERFECTO DE SCHÜRRLE, GÖTZE LA PARA DE PECHO Y...
¡GOOOOL!
MINUTO 113
¡ALEMANIA CAMPEÓN!

EL MUNDIAL 2014 EN RESUMEN

GRUPO A

FECHA	EQUIPO	RES.	EQUIPO
12.06.	BRASIL	3:1	CROACIA
13.06.	MÉXICO	1:0	CAMERÚN
17.06.	BRASIL	0:0	MÉXICO
18.06.	CAMERÚN	0:4	CROACIA
23.06.	CAMERÚN	1:4	BRASIL
23.06.	CROACIA	1:3	MÉXICO

PTS: BRASIL 7, MÉXICO 7, CROACIA 3, CAMERÚN 0

GRUPO B

FECHA	EQUIPO	RES.	EQUIPO
13.06.	ESPAÑA	1:5	PAÍSES BAJOS
13.06.	CHILE	3:1	AUSTRALIA
18.06.	AUSTRALIA	2:3	PAÍSES BAJOS
18.06.	ESPAÑA	0:2	CHILE
23.06.	AUSTRALIA	0:3	ESPAÑA
23.06.	PAÍSES BAJOS	2:0	CHILE

PTS: PAÍSES BAJOS 9, CHILE 6, ESPAÑA 3, AUSTRALIA 0

GRUPO C

FECHA	EQUIPO	RES.	EQUIPO
14.06.	COLOMBIA	3:0	GRECIA
14.06.	COSTA DE MARFIL	2:1	JAPÓN
19.06.	COLOMBIA	2:1	COSTA DE MARFIL
19.06.	JAPÓN	0:0	GRECIA
24.06.	JAPÓN	1:4	COLOMBIA
24.06.	GRECIA	2:1	COSTA DE MARFIL

PTS: COLOMBIA 9, GRECIA 4, COSTA DE MARFIL 3, JAPÓN 1

GRUPO D

FECHA	EQUIPO	RES.	EQUIPO
14.06.	URUGUAY	1:3	COSTA RICA
14.06.	INGLATERRA	1:2	ITALIA
19.06.	URUGUAY	2:1	INGLATERRA
20.06.	ITALIA	0:1	COSTA RICA
24.06.	ITALIA	0:1	URUGUAY
24.06.	COSTA RICA	0:0	INGLATERRA

PTS: COSTA RICA 7, URUGUAY 6, ITALIA 3, INGLATERRA 1

GRUPO E

FECHA	EQUIPO	RES.	EQUIPO
15.06.	SUIZA	2:1	ECUADOR
15.06.	FRANCIA	3:0	HONDURAS
20.06.	SUIZA	2:5	FRANCIA
20.06.	HONDURAS	1:2	ECUADOR
25.06.	HONDURAS	0:3	SUIZA
25.06.	ECUADOR	0:0	FRANCIA

PTS: FRANCIA 7, SUIZA 6, ECUADOR 4, HONDURAS 0

GRUPO F

FECHA	EQUIPO	RES.	EQUIPO
15.06.	ARGENTINA	2:1	BOSN. & HERZ.
16.06.	IRÁN	0:0	NIGERIA
21.06.	ARGENTINA	1:0	IRÁN
21.06.	NIGERIA	1:0	BOSN. & HERZ.
25.06.	NIGERIA	2:3	ARGENTINA
25.06.	BOSN. & HERZ.	3:1	IRÁN

PTS: ARGENTINA 9, NIGERIA 4, BOSNIA & HERZEGOVINA 3, IRÁN 1

GRUPO G

FECHA	EQUIPO	RES.	EQUIPO
16.06.	ALEMANIA	4:0	PORTUGAL
16.06.	GHANA	1:2	EE.UU.
21.06.	ALEMANIA	2:2	GHANA
22.06.	EE.UU.	2:2	PORTUGAL
26.06.	EE.UU.	0:1	ALEMANIA
26.06.	PORTUGAL	2:1	GHANA

PTS: ALEMANIA 7, EE.UU. 4, PORTUGAL 4, GHANA 1

GRUPO H

FECHA	EQUIPO	RES.	EQUIPO
17.06.	BÉLGICA	2:1	ARGELIA
17.06.	RUSIA	1:1	COREA DEL SUR
22.06.	BÉLGICA	1:0	RUSIA
22.06.	COREA DEL SUR	2:4	ARGELIA
26.06.	COREA DEL SUR	0:1	BÉLGICA
26.06.	ARGELIA	1:1	RUSIA

PTS: BÉLGICA 9, ARGELIA 4, RUSIA 2, COREA DEL SUR 1

OCTAVOS DE FINAL

FECHA	EQUIPO	RES.	EQUIPO
28.06.	BRASIL	1:1 T.S., 3:2 P.	CHILE
28.06.	COLOMBIA	2:0	URUGUAY
29.06.	PAÍSES BAJOS	2:1	MÉXICO
29.06.	COSTA RICA	1:1 T.S., 5:3 P.	GRECIA
30.06.	FRANCIA	2:0	NIGERIA
30.06.	ALEMANIA	2:1 T.S.	ARGELIA
01.07.	ARGENTINA	1:0 T.S.	SUIZA
01.07.	BÉLGICA	2:1 T.S.	EE.UU.

CUARTOS DE FINAL

FECHA	EQUIPO	RES.	EQUIPO
04.07.	FRANCIA	0:1	ALEMANIA
04.07.	BRASIL	2:1	COLOMBIA
05.07.	ARGENTINA	1:0	BÉLGICA
05.07.	PAÍSES BAJOS	0:0 T.S., 4:3 P.	COSTA RICA

SEMIFINAL

FECHA	EQUIPO	RES.	EQUIPO
08.07.	BRASIL	1:7	ALEMANIA
09.07.	PAÍSES BAJOS	0:0 T.S., 2:4 P.	ARGENTINA

3ER PUESTO

FECHA	EQUIPO	RES.	EQUIPO
12.07.	BRASIL	0:3	PAÍSES BAJOS

FINAL

FECHA	EQUIPO	RES.	EQUIPO
13.07.	ALEMANIA	1:0 T.S.	ARGENTINA

CAMPEÓN: ALEMANIA

ENTRADA DEL MUNDIAL 2014

PARTICIPANTES
32 (DE 204 SELECCIONES)

JUGADORES EN CAMPO
593

GOL MÁS RÁPIDO
29 SEGUNDOS: CLINT DEMPSEY (EE.UU.–GHANA)

GOLEADOR
BOTA DE ORO, 6 GOLES
JAMES RODRÍGUEZ (COLOMBIA)
BOTA DE PLATA, 5 GOLES
THOMAS MÜLLER (ALEMANIA)
BOTA DE BRONCE, 4 GOLES
NEYMAR (BRASIL)

MEJOR ARQUERO
MANUEL NEUER (ALEMANIA)

MEJOR JUGADOR JOVEN
PAUL POGBA,
21 AÑOS (FRANCIA)

PERIODO
12. 06. 2014–13. 07. 2014

PARTIDOS
64

MÁS VECES MAN OF THE MATCH
LIONEL MESSI (ARGENTINA),
4 VECES

PREMIO FAIR-PLAY
COLOMBIA

T. AMARILLA
181 (Ø: 2,83 POR PARTIDO)

T. AMARILLA-ROJA
3 (Ø: 0,05 POR PARTIDO)

T. ROJA
7 (Ø: 0,11 POR PARTIDO)

3 O MÁS GOLES EN UN PARTIDO
3 GOLES: XHERDAN SHAQIRI (SUIZA– HONDURAS),
THOMAS MÜLLER (ALEMANIA–PORTUGAL)

ASISTENTES
3.429.873 (Ø: 53.592 POR PARTIDO)

GOLES
171 (Ø: 2,67 POR PARTIDO)

GOLES EN CONTRA
5

EQUIPO GOLEADOR
ALEMANIA: 18 GOLES
EN 7 PARTIDOS

MEJOR JUGADOR
BALÓN DE ORO
LIONEL MESSI (ARGENTINA)
BALÓN DE PLATA
THOMAS MÜLLER (ALEMANIA)
BALÓN DE BRONCE
ARJEN ROBBEN (PAÍSES BAJOS)

PENALES
13: 12 CONVERTIDOS,
1 ERRADO

EQUIPO IDEAL 2014

VROAAA

2018 RUSIA

MBAPPÉ DE 19 AÑOS TAN RÁPIDO COMO UN TORNADO. ALCANZÓ LA VELOCIDAD MEDIA DE USAIN BOLT, 37,58 KM/H. AQUÍ ESTÁ HUYENDO DE LOS ARGENTINOS

2018 RUSIA

¿La defensa del título para Alemania? Más bien, la Copa del Mundo para la generación más joven y el fútbol pragmático. El de Rusia, primer Mundial disputado en Europa Oriental, será recordado como el Mundial de las sorpresas, el estreno del VAR y los goles a último momento.

Disputado entre el 14 de junio y el 15 de julio, tuvo cuatro definiciones por penales y el 40% de los tantos provinieron de tiros libres, saques de esquina o penales. Además cayeron muchos de los equipos favoritos, sin dejar de mencionar que tanto Italia como Holanda ni siquiera se clasificaron.

Francia, Croacia y Bélgica le regalaron a los aficionados algunos momentos de buen fútbol, mientras que la gran decepción fueron los alemanes, que quedaron afuera en fase de grupos ¡y en la última posición!

España con Isco, Portugal con Cristiano Ronaldo y Argentina con Lionel Messi, apenas llegaron a octavos de final, mientras que Brasil con Neymar Jr. y Uruguay con Luis Suárez, sólo alcanzaron los cuartos.

Tampoco a las selecciones africanas les fue bien: Egipto, Senegal, Túnez, Marruecos y Nigeria no lograron superar la fase de grupos, dejando a África sin representación en las eliminatorias por primera vez desde 1982. A partir de semifinales, el campeonato pasó a ser puramente europeo, consolidando la supremacía de un fútbol revitalizado y mucho más ágil. Los cuatro equipos fueron Inglaterra, Bélgica, la sorprendente Croacia y Francia.

El entrenador Didier Deschamps hizo que su equipo jugara al contraataque, con cambios rápidos de defensa a ataque, combinados con jugadas a balón parado. Ante Argentina jugó el que fue el partido más espectacular y dinámico del certamen, y que le abriría el camino a conquistar su segundo campeonato mundial. "Les Bleus" ganaron 4-3 con un imparable Kylian Mbappé que, a los 19 años, se convirtió además en el goleador más joven de los mundiales después de Pelé, y fue elegido Mejor jugador joven del torneo.

L MEJOR GOL DEL MUNDIAL. PAVARD (FRANCIA) "CORTA" LA PELOTA CON SU PIE DERECHO, LA PELOTA TOMA UN FECTO EXTRAORDINARIO Y SE METE EN EL ÁNGULO MÁS ALEJADO DE ARMANI (ARGENTINA)

EL VAR SE UTILIZA POR PRIMERA VEZ EN UN MUNDIAL

ELIMINADOS DEMASIADO PRONTO. LAS DOS SUPERESTRELLAS MESSI Y CR7

LA PEOR PERFORMANCE MUNDIALISTA DE ALEMANIA. ELIMINADA EN LA FASE DE GRUPOS, EL VIGENTE CAMPEÓN MUNDIAL SE FUE DEJANDO UNA IMAGEN DEPLORABLE

EL GOLEADOR HARRY KANE (6 GOLES)

LA CELEBRACIÓN MÁS RIDÍCULA Y GRACIOSA DE ESTA COPA DEL MUNDO SE LA DEBEMOS A BATSHUAYI (BÉLGICA), QUE QUISO FESTEJAR EL GOL DE SU EQUIPO REMATANDO LA PELOTA AL FONDO DE LA RED PERO QUE NO HABÍA CONTADO CON EL POSTE, QUE SE LA DEVOLVIÓ DIRECTO A SU CARA

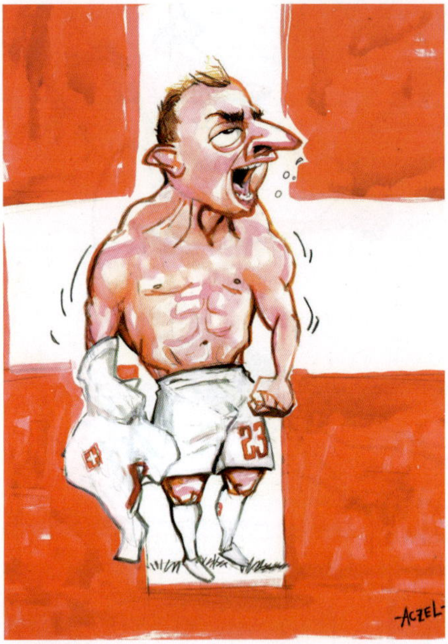

SHAQIRI (SUIZA) Y CAVANI (URUGUAY) LLEGAN A LOS CUARTOS DE FINAL

MODRIĆ (CROACIA) FUE VOTADO COMO EL MEJOR JUGADOR DE LA COPA DEL MUNDO. MBAPPÉ (FRANCIA) COMO MEJOR JUGADOR JOVEN

NEYMAR JR., DURAMENTE CRITICADO POR SUS ESPECTACULARES EXAGERACIONES

NO ES BROMA: INGLATERRA GANA EN LOS PENALES. LA MALDICIÓN ES DERROTADA

LA ANFITRIONA RUSIA DERROTA A ESPAÑA EN LOS PENALES Y SORPRENDENTEMENTE ALCANZA LOS CUARTOS DE FINAL

BÉLGICA ELIMINA A BRASIL. POR PRIMERA VEZ DESDE 1986, LOS "DIABLOS ROJOS" VUELVEN A LAS SEMIFINALES.
DIGNO DE VER: EL MEDIAPUNTA KEVIN DE BRUYNE SACA UN BRILLANTE DISPARO DESDE EL ÁNGULO DERECHO DEL ÁREA PENAL. ÉL, HAZARD Y LUKAKU SON EL MEJOR TRÍO OFENSIVO DEL MUNDIAL

(ARRIBA) CROACIA EXPULSA A LOS ANFITRIONES DEL TORNEO POR PENALES. (ABAJO) CROACIA DEJA AFUERA A INGLATERRA PARA LLEGAR A LA FINAL DE LA COPA DEL MUNDO POR PRIMERA VEZ EN LA HISTORIA DEL FÚTBOL

COUPE DU MONDE
DE LA RUSSIE 2018
FINALE
15 JUILLET 2018
MOSCOU

LOS CAMPEONES DE 2018: FRANCIA.
ARRIBA: PAUL POGBA, SAMUEL UMTITI, LUCAS HERNANDEZ, RAPHAËL VARANE, OLIVIER GIROUD, HUGO LLORIS, ABAJO: ANTOINE GRIEZMANN, BLAISE MATUIDI, BENJAMIN PAVARD, N'GOLO KANTÉ, KYLIAN MBAPPÉ

UMTITI METIÓ DE CABEZA A FRANCIA EN LA FINAL

LA PELOTA DE LA FINAL

LA FINAL 15 de JULIO de 2018

FRANCIA 4:2 CROACIA

ESTADIO OLÍMPICO LUZHNIKI
ESPECTADORES: 78.011
ÁRBITRO: NESTOR PITANA (ARGENTINA)

DIDIER DESCHAMPS, DT DE FRANCIA, ES EL TERCERO (DESPUÉS DE MARIO ZAGALLO Y FRANZ BECKENBAUER) EN GANAR UN MUNDIAL COMO JUGADOR Y ENTRENADOR

:0
MINUTO 18
MANDŽUKIĆ
(GOL EN CONTRA)
MINUTO 28
1:1
PEREŠIĆ
MINUTO 38
¡MANO!
¡PENAAAL!
2:1
GRIEZMANN CONVERTIERTE
LOOOSER!
3:1
POGBA
MINUTO 59
4:1
INUTO 65
MBAPPÉ CON UN DISPARO PLANO DESDE LEJOS
MANDZUCIĆ TRAS
ERROR DE LLORIS
4:2
LLORIS
MINUTO 69
RANCIA
MPEON!
2018
ON UNA ACTITUD
POSITIVA,
ELAJADA, Y UNA
ANA CONFIANZA
EN SÍ MISMO.
FRANCIA
CONSIGUIÓ
MERECIDAMENTE
SU SEGUNDA
ESTRELLA.
ACZEL

EL MUNDIAL 2018 EN RESUMEN

GRUPO A

FECHA	EQUIPO	RES.	EQUIPO
14.06.	RUSIA	5:0	ARABIA SAUDITA
15.06.	EGIPTO	0:1	URUGUAY
19.06.	RUSIA	3:1	EGIPTO
20.06.	URUGUAY	1:0	ARABIA SAUDITA
25.06.	URUGUAY	3:0	RUSIA
25.06.	ARABIA SAUDITA	2:1	EGIPTO

PTS: URUGUAY 9, RUSIA 6, ARABIA SAUDITA 3, EGIPTO 0

GRUPO B

FECHA	EQUIPO	RES.	EQUIPO
15.06.	MARRUECOS	0:1	IRÁN
15.06.	PORTUGAL	3:3	ESPAÑA
20.06.	PORTUGAL	1:0	MARRUECOS
20.06.	IRÁN	0:1	ESPAÑA
25.06.	IRÁN	1:1	PORTUGAL
25.06.	ESPAÑA	2:2	MARRUECOS

PTS: ESPAÑA 5, PORTUGAL 5, IRÁN 4, MARRUECOS 1

GRUPO C

FECHA	EQUIPO	RES.	EQUIPO
16.06.	FRANCIA	2:1	AUSTRALIA
16.06.	PERÚ	0:1	DINAMARCA
21.06.	DINAMARCA	1:1	AUSTRALIA
21.06.	FRANCIA	1:0	PERÚ
26.06.	DINAMARCA	0:0	FRANCIA
26.06.	AUSTRALIA	0:2	PERÚ

PTS: FRANCIA 7, DINAMARCA 5, PERÚ 3, AUSTRALIA 1

GRUPO D

FECHA	EQUIPO	RES.	EQUIPO
16.06.	ARGENTINA	1:1	ISLANDIA
16.06.	CROACIA	2:0	NIGERIA
21.06.	ARGENTINA	0:3	CROACIA
22.06.	NIGERIA	2:0	ISLANDIA
26.06.	NIGERIA	1:2	ARGENTINA
26.06.	ISLANDIA	1:2	CROACIA

PTS: CROACIA 9, ARGENTINA 4, NIGERIA 3, ISLANDIA 1

GRUPO E

FECHA	EQUIPO	RES.	EQUIPO
17.06.	COSTA RICA	0:1	SERBIA
17.06.	BRASIL	1:1	SUIZA
22.06.	BRASIL	2:0	COSTA RICA
22.06.	SERBIA	1:2	SUIZA
27.06.	SERBIA	0:2	BRASIL
27.06.	SUIZA	2:2	COSTA RICA

PTS: BRASIL 7, SUIZA 5, SERBIA 3, COSTA RICA 1

GRUPO F

FECHA	EQUIPO	RES.	EQUIPO
17.06.	ALEMANIA	0:1	MÉXICO
18.06.	SUECIA	1:0	COREA DEL SUR
23.06.	COREA DEL SUR	1:2	MÉXICO
23.06.	ALEMANIA	2:1	SUECIA
27.06.	COREA DEL SUR	2:0	ALEMANIA
27.06.	MÉXICO	0:3	SUECIA

PTS: SUECIA 6, MÉXICO 6, COREA DEL SUR 3, ALEMANIA 3

GRUPO G

FECHA	EQUIPO	RES.	EQUIPO
18.06.	BÉLGICA	3:0	PANAMÁ
18.06.	TÚNEZ	1:2	INGLATERRA
23.06.	BÉLGICA	5:2	TÚNEZ
24.06.	INGLATERRA	6:1	PANAMÁ
28.06.	INGLATERRA	0:1	BÉLGICA
28.06.	PANAMÁ	1:2	TÚNEZ

PTS: BÉLGICA 9, INGLATERRA 6, TÚNEZ 3, PANAMÁ 0

GRUPO H

FECHA	EQUIPO	RES.	EQUIPO
19.06.	COLOMBIA	1:2	JAPÓN
19.06.	POLONIA	1:2	SENEGAL
24.06.	JAPÓN	2:2	SENEGAL
24.06.	POLONIA	0:3	COLOMBIA
28.06.	JAPÓN	0:1	POLONIA
28.06.	SENEGAL	0:1	COLOMBIA

PTS: COLOMBIA 6, JAPÓN 4, SENEGAL 4, POLONIA 3

OCTAVOS DE FINAL

FECHA	EQUIPO	RES.	EQUIPO
30.06.	FRANCIA	4:3	ARGENTINA
30.06.	URUGUAY	2:1	PORTUGAL
01.07.	ESPAÑA	1:1 T.S., 3:4 P.	RUSIA
01.07.	CROACIA	1:1 T.S., 3:2 P.	DINAMARCA
02.07.	BRASIL	2:0	MÉXICO
02.07.	BÉLGICA	3:2	JAPÓN
03.07.	SUECIA	1:0	SUIZA
03.07.	COLOMBIA	1:1 T.S., 3:4 P.	INGLATERRA

CUARTOS DE FINAL

FECHA	EQUIPO	RES.	EQUIPO
06.07.	URUGUAY	0:2	FRANCIA
06.07.	BRASIL	1:2	BÉLGICA
07.07.	SUECIA	0:2	INGLATERRA
07.07.	RUSIA	2:2 T.S., 3:4 P.	CROACIA

SEMIFINAL

FECHA	EQUIPO	RES.	EQUIPO
10.07.	FRANCIA	1:0	BÉLGICA
11.07.	CROACIA	2:1 T.S.	INGLATERRA

3ER PUESTO

FECHA	EQUIPO	RES.	EQUIPO
14.07.	BÉLGICA	2:0	INGLATERRA

FINAL

FECHA	EQUIPO	RES.	EQUIPO
15.07.	FRANCIA	4:2	CROACIA

CAMPEÓN: FRANCIA

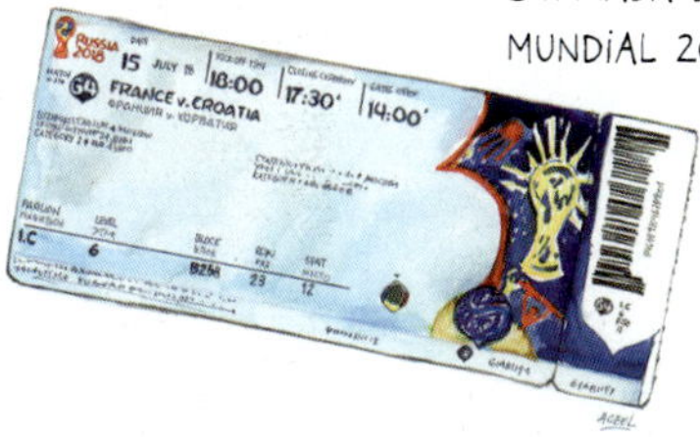

ENTRADA DEL MUNDIAL 2018

PARTICIPANTES
32 (DE 211 SELECCIONES)

JUGADORES EN CAMPO
590

GOL MÁS RÁPIDO
55 SEGUNDOS: ZANKA (DINAMARCA–CROACIA)

GOLEADOR
BOTA DE ORO, 6 GOLES
HARRY KANE (INGLATERRA) BOTA
BOTA DE PLATA, 4 GOLES
ANTOINE GRIEZMANN (FRANCIA)
BOTA DE BRONCE, 4 GOLES
ROMELU LUKAKU (BÉLGICA)

MEJOR ARQUERO
THIBAUT COURTOIS (BÉLGICA)

MEJOR JUGADOR JOVEN
KYLIAN MBAPPÉ, 19 AÑOS (FRANCIA)

PERIODO
14. 06. 2018–15. 07. 2018

PARTIDOS
64

MÁS VECES MAN OF THE MATCH
GRIEZMANN, KANE, MODRIĆ, 3 VECES

PREMIO FAIR-PLAY
ESPAÑA

T. AMARILLA
219 (Ø: 3,42 POR PARTIDO)

T. AMARILLA-ROJA
2 (Ø: 0,03 POR PARTIDO)

T. ROJA
2 (Ø: 0,03 POR PARTIDO)

3 O MÁS GOLES EN UN PARTIDO
3 GOLES: CRISTIANO RONALDO (PORTUGAL-ESPAÑA), HARRY KANE (INGLATERRA-PANAMÁ)

ASISTENTES
3.031.768 (Ø: 47.371 POR PARTIDO)

GOLES
169 (Ø: 2,64 POR PARTIDO)

GOLES EN CONTRA
12

EQUIPO GOLEADOR
BÉLGICA: 16 GOLES EN 7 PARTIDOS

MEJOR JUGADOR
BALÓN DE ORO
LUKA MODRIĆ (CROACIA)
BALÓN DE PLATA
EDEN HAZARD (BÉLGICA)
BALÓN DE BRONCE
ANTOINE GRIEZMANN (FRANCIA)

PENALES
20: 15 CONVERTIDOS, 5 ERRADOS

EQUIPO IDEAL 2018

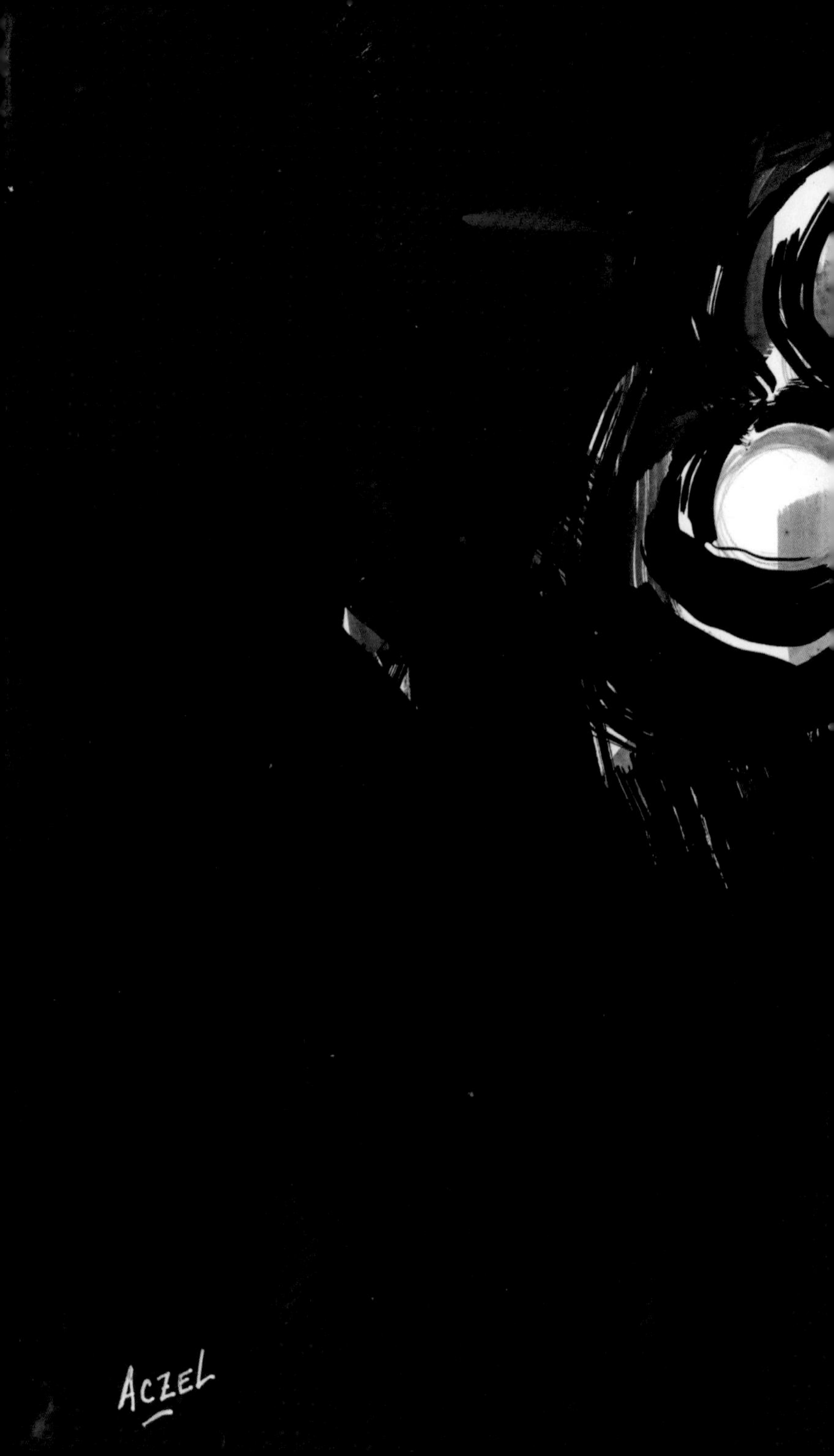
ACZEL

2022 QATAR

¡TODA TUYA! POR FIN LIO PUEDE BESAR LA COPA. EL FÚTBOL LE DA EL PREMIO QUE SIEMPRE MERECIÓ. MESSI, EL MEJOR DEL MUNDO ES CAMPEÓN

2022 QATAR

"¡Un Mundial espectacular! ¡La mejor Copa del Mundo de la historia!", fue lo que prometió el presidente de la FIFA, Gianni Infantino. Ciertamente también porque nunca antes un Mundial había sido tan criticado, con sospechas en la designación de Qatar como sede. Por primera vez en la historia se jugó a fin de año (entre el 20 de noviembre y el 18 de diciembre) y no en la mitad, como es costumbre, y con estadios con aire acondicionado para paliar las altas temperaturas.

A pesar de las distancias y las dudas, fue un torneo muy bien organizado en el que todo funcionó sin problemas. Sin embargo, en lo futbolístico, Qatar fue eliminado después de tres derrotas por lo que se convirtió en el peor resultado de un anfitrión hasta la fecha.

La sorpresa la dio Marruecos, que se convirtió en el primer africano en llegar a las semifinales luego de ganar su grupo y superar en fila a España y Portugal.

Con sus eliminaciones en cuartos, hubo cracks desconsolados como Neymar Jr., Cristiano Ronaldo y Harry Kane, pero aún más pobre fue la faena de los alemanes que ni siquiera lograron acceder a octavos de final.

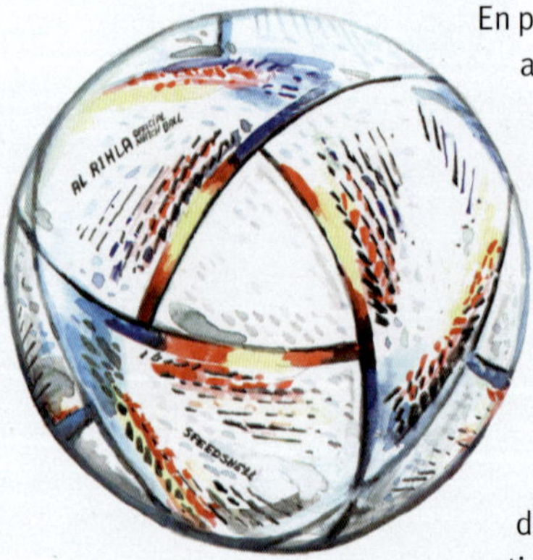

En paralelo, Argentina logró reponerse del golpe que le propició Arabia Saudita al vencerlo 2-1 en el primer partido. El entrenador Hervé Renard auguró: "Argentina va a pasar de fase y saldrá campeón". Y no se equivocó.

Lionel Messi, que venía de ganar la Copa América, llevó a la Albiceleste a la gloria; tras pasar a Australia llegó el encuentro más caliente ante Países Bajos, y culminó con una final ante Francia que tuvo momentos dignos de una película de Hollywood.

Los argentinos siempre estuvieron arriba en el marcador pero tres tantos de Kylian Mbappé llevaron las cosas primero a la prórroga y después a los tiros desde el punto del penal.

Un carrusel de emociones no apto para cardíacos, con una tapada heroica de Emiliano Martínez en el último minuto del tiempo suplementario que anticiparía el rol que tendría minutos después, atajando dos disparos.

"Sabía que Dios me lo iba a regalar", dijo Messi luego de alzar la ansiada Copa vestido con una "bisht" sobre sus hombros. Lio acababa de dejar marcado a fuego su nombre en los libros del Deporte Rey, que -a su vez- saldaba una deuda con quien es considerado el mejor futbolista de la historia.

Argentina bordó la tercera estrella sobre su escudo después de 36 años y luego de dos décadas la Copa del Mundo regresó a Sudamérica.

CON UN MESSI ENCENDIDO, NO HAY TÁCTICA RIVAL QUE ALCANCE. A LOS 35 AÑOS HIZO SU MEJOR COPA DEL MUNDO, Y ANTE PAÍSES BAJOS TUVO SU DEDICATORIA A LO "TOPO GIGIO" PARA VAN GAAL

¡NOS SUMERGIMOS EN EL MUNDIAL DEL DESIERTO! POR PRIMERA VEZ, LA COPA DEL MUNDO SE JUEGA EN UN PAÍS ÁRABE, Y EN INVIERNO, YA QUE PROBABLEMENTE HUBIERA SIDO IMPOSIBLE SOPORTAR EL CALOR DEL VERANO. FUERTE CONTRASTE E IMÁGENES IDÍLICAS QUE COMBINAN ESTADIOS FUTURISTAS Y RASCACIELOS CON DUNAS INMENSAS, CAMELLOS Y JEQUES EN LAS TRIBUNAS

ALGUNAS NOVEDADES QUE LA FIFA D
CONOCER: TECNOLOGÍA SEMIAUTOMATIZ
PARA LA DETECCIÓN DEL FUERA DE JUEG
MUCHA PRÓRR

SALEM AL DAWSARI (ARABIA SAUDITA) CELEBRA EL GOL DE LA VICTORIA ANTE ARGENTINA CON UN SALTO.
FUE EL PRIMER PARTIDO DE LA FASE DE GRUPOS Y UNA SORPRESIVA DERROTA PARA LA ALBICELESTE QUE VENÍA INVICTA 36 PARTIDOS

EN EL SEGUNDO PARTIDO CONTRA MÉXICO, ARGENTINA DEBE GANAR. APARECE MESSI PONIENDO AL EQUIPO DE NUEVO EN EL CAMINO DEL ÉXITO

EL GOLAZO DE "TIJERA" DE RICHARLISON (BRASIL) ANTE SERBIA FUE ELEGIDO COMO EL MEJOR DEL MUNDIAL

LOS JUGADORES DE ALEMANIA POSAN CON LA BOCA TAPADA ANTE LA CENSURA DE LA FIFA AL BRAZALETE ARCOÍRIS (ONE LOVE) EN QATAR. REVANCHA: LA TELEVISIÓN QATARÍ SE BURLA DE ALEMANIA TRAS SU TEMPRANA ELIMINACIÓN, IMITANDO EL GESTO DE PROTESTA

LA JUGADA DEL GOL QUE DIO LA VICTORIA A JAPÓN SOBRE ESPAÑA, EL BALÓN NO SALIÓ Y JAPÓN DIO EL BATACAZO, CLASIFICANDO PRIMERO A OCTAVOS Y DEJANDO AFUERA A ALEMANIA

EL PENAL ERRADO DE HARRY KANE CONTRA FRANCIA QUE PUDO CAMBIAR EL DESTINO DE INGLATERRA: TUVO LA OPORTUNIDAD DE IGUALAR CERCA DEL FINAL, PERO ENVIÓ SU REMATE A LAS NUBES

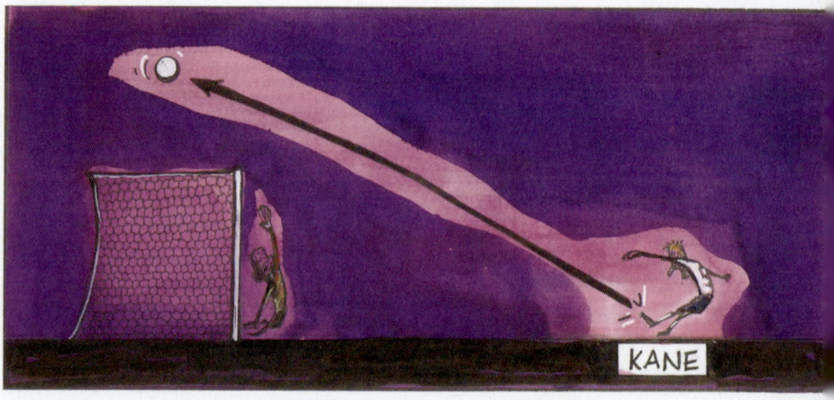

MARRUECOS VENCE A PORTUGAL Y HACE HISTORIA COMO PRIMER EQUIPO AFRICANO EN SEMIFINALES. YOUSSEF EN-NESYRI SE SUSPENDIÓ EN EL AIRE PARA ANOTAR DE CABEZA EL GOL DE LA VICTORIA

POR UN PELO: LA ESTRELLA DE PORTUGAL FESTEJÓ EL PRIMER GOL DE SU SELECCIÓN ANTE URUGUAY CON ALMA Y VIDA...¿PERO LA PEINÓ? NO, CR7 NO LLEGÓ A INTERCEPTAR LA PELOTA. EL RÉCORD DE ALCANZAR A EUSEBIO COMO MÁXIMO GOLEADOR PORTUGUÉS EN LOS MUNDIALES SE LE ESCAPÓ POR UN PELO.
PARA COLMO A PARTIR DE LOS OCTAVOS, CRISTIANO RONALDO FUE RELEGADO AL BANCO DE SUPLENTES

EL SONIDO DE LA PELOTA ESTRELLANDO EN EL PALO LO MARCARÁ DE POR VIDA: ASÍ FALLÓ MARQUINHOS EL PENAL QUE DEJÓ AFUERA A BRASIL Y CERTIFICÓ LA CLASIFICACIÓN DE CROACIA A SEMIFINALES

WORLD CUP Qatar 2022
ACEEL

LOS CAMPEONES DE 2022: ARGENTINA.
(ARRIBA) CRISTIAN ROMERO, EMILIANO MARTÍNEZ, NICOLÁS OTAMENDI, ALEXIS MAC ALLISTER, NAHUEL MOLINA, (ABAJO) LIONEL MESSI, ANGEL DI MARÍA, RODRIGO DE PAUL, JULIÁN ÁLVAREZ, NICOLÁS TAGLIAFICO, ENZO FERNÁNDEZ

EL PARTIDO MÁS CALIENTE

ARGENTINA VS. PAÍSES BAJOS: EL PARTIDO CON MÁS AMONESTACIONES EN LA HISTORIA DE LOS MUNDIALES. INOLVIDABLE EL PELOTAZO DE PAREDES AL BANCO Y EL POLÉMICO FESTEJO DE ARGENTINA

EL MESSI MÁS MARADONIANO DE LOS MUNDIALES. EN LA ZONA MIXTA LIO MANDÓ A CALLAR A WEGHORST (PAÍSES BAJOS), QUIEN LO INCREPABA TRAS QUEDAR ELIMINADO

UNA JOYA DE MESSI: EL 10 LO SACÓ A PASEAR AL DEFENSOR DE CROACIA GVARDIOL. ARGENTINA SE METE EN LA FINAL DEL MUNDIAL

LA PELOTA DE LA FINAL

LA FINAL 18 de DICIEMBRE de 2022

ARGENTINA 3:3 FRANCIA

DEFINICIÓN POR PENALES: 7:5

LUSAIL ICONIC STADIUM, LUSAIL, QATAR
ESPECTADORES: 88.966
ÁRBITRO: SZYMON MARCINIAK (POLONIA)

ENTRENADOR DE LA SELECCIÓN ARGENTINA. "LA SCALONETA" VENÍA DE LOGRAR LA COPA AMÉRICA 2021, LUEGO LA FINALISSIMA, GANÓ EL MUNDIAL 2022 Y REPITIÓ COPA AMÉRICA EN 2024

LA MEJOR FINAL DE LA HISTORIA
DEMBÉLÉ TOCA A DI MARÍA. ¡PENAL!
1:0
MINUT
MESSI SU ZURDA Y SU MAESTRÍA
EJECUTAR SUAVE EL PENAL
MINUTO 36
2:0
DI MARÍA DEFINE TRAS CONTRA ESPECTACULAR
FALTA DE OTAMENDI A MUANI. ¡PENAL!
MBAPPÉ MARCA EL PRIMERO DE FRANCIA
MINUTO 80
2:1
POCO SEGUNDOS DESPUÉS ...
MINUTO 81
2:2
...MBAPPÉ CON GRAN TÉCNICA DE DEFINIC
IMPACTA EL ESFÉRICO DE VOLEA. GOLAZO. UN THRILLER EN SU MÁXIMA EXPRESIÓN

3:2
PRÓRROGA
MINUTO 109
MESSI APROVECHA UN REBOTE
MANO DE MONTIEL. ¡PENAL!
MINUTO 118
3:3
HAT-TRICK DE MBAPPÉ
LA BOLA LE QUEDA SERVIDA A MUANI...
MINUTO 123
...DIBU, HÉROE. ¡EL PIE DE DIOS!
UTARO LO PIERDE AL TOQUE.
LOCOS
DEFINICIÓN POR PENALES
ESPECIALISTA: ¡EL "DIBU" MARTÍNEZ LE ATAJA EL PENAL A COMAN!
RTÍNEZ TIRA EL BALÓN A PROPÓSITO
ENTRAS TCHOUAMÉNI AVANZA HACIA EL
NTO. EL JUEGO PSICOLÓGICO FUNCIONA...
!
...TCHOUAMÉNI LA TIRA AFUERA
OLÉ
EL BAILE DEL "DIBU" MARTÍNEZ

DEFINICIÓN POR PENALES

0:1 MBAPPÉ
1:1 MESSI
MARTÍNEZ LE ATAJA EL PENAL A COMAN
2:1 DYBALA
TCHOUAMÉNI LA TIRA AFUERA
3:1 PAREDES
3:2 KOLO MUANI
4:2 MONTIEL

¡SOMOS CAMPEONES, POR FIN! MONTIEL ACABA DE CONVERTIR EL CUARTO PENAL, MESSI SE DEJA CAER DE RODILLAS Y PAREDES LO ABRAZA. EL CAPITÁN ES EL EPICENTRO DE UNA CELEBRACIÓN MUY ESPERADA

EL GESTO DEL "DIBU" MARTÍNEZ: DESPUÉS DE SER GALARDONADO CON EL "GUANTE DE ORO", SE PUSO EL TROFEO EN LA ZONA GENITAL DEJANDO UNA IMAGEN POLÉMICA

LOS PREMIADOS.
MEJOR JUGADOR JOVE
ENZO FERNÁNDEZ (ARGENTINA)
MEJOR JUGADOR: LION
MESSI (ARGENTINA)
MEJOR ARQUERO: EMILIANO MARTÍNEZ (ARGENTINA)
GOLEADOR: KYLIAN MB
(FRANCIA)

EL EMIR DE QATAR CORONÓ A MESSI COMO REY COLOCÁNDOLE UNA BISHT AL MOMENTO DE RECIBIR LA COPA DE MANOS DE INFANTINO, PRESIDENTE DE FIFA

¡YA ESTÁ! EL SUEÑO HECHO REALIDAD

LEO DESPIERTA CON LA COPA Y TOMA SU PRIMER MATE COMO CAMPEÓN MUNDIAL

TODO UN PAÍS RECIBE A SU SELECCIÓN COPANDO LAS CALLES. CINCO MILLONES DE PERSONAS SIGUEN LA CARAVANA EN UNA JORNADA DE FIESTA TOTAL

EL MUNDIAL 2022 EN RESUMEN

GRUPO A

FECHA	EQUIPO	RES.	EQUIPO
20.11.	QATAR	0:2	ECUADOR
21.11.	SENEGAL	0:2	PAÍSES BAJOS
25.11.	QATAR	1:3	SENEGAL
25.11.	PAÍSES BAJOS	1:1	ECUADOR
29.11.	PAÍSES BAJOS	3:0	QATAR
29.11.	ECUADOR	2:1	SENEGAL

PTS: PAÍSES BAJOS 7, SENEGAL 6, ECUADOR 4, QATAR 0

GRUPO B

FECHA	EQUIPO	RES.	EQUIPO
21.11.	INGLATERRA	0:0	IRÁN
21.11.	EE.UU	3:2	GALES
25.11.	GALES	2:3	IRÁN
25.11.	INGLATERRA	2:0	EE.UU.
29.11..	GALES	2:1	INGLATERRA
29.11.	IRÁN	0:2	EE.UU.

PTS: INGLATERRA 7, EE.UU. 5, IRÁN 3, GALES 1

GRUPO C

FECHA	EQUIPO	RES.	EQUIPO
22.11.	ARGENTINA	1:2	ARABIA SAUDITA
22.11.	MÉXICO	0:0	POLONIA
26.11.	POLONIA	2:0	ARABIA SAUDITA
26.11.	ARGENTINA	2:0	MÉXICO
30.11.	POLONIA	0:2	ARGENTINA
30.11.	ARABIA SAUDITA	1:2	MÉXICO

PTS: ARGENTINA 6, POLONIA 4, MÉXICO 4, ARABIA SAUDITA 3

GRUPO D

FECHA	EQUIPO	RES.	EQUIPO
22.11.	DINAMARCA	0:0	TÚNEZ
22.11.	FRANCIA	4:1	AUSTRALIA
26.11.	TÚNEZ	0:1	AUSTRALIA
26.11.	FRANCIA	2:1	DINAMARCA
30.11.	TÚNEZ	1:0	FRANCIA
30.11.	AUSTRALIA	1:0	DINAMARCA

PTS: FRANCIA 6, AUSTRALIA 6, TÚNEZ 4, DINAMARCA 1

GRUPO E

FECHA	EQUIPO	RES.	EQUIPO
23.11.	ALEMANIA	1:2	JAPÓN
23.11.	ESPAÑA	7:0	COSTA RICA
27.11.	JAPÓN	0:1	COSTA RICA
27.11.	ESPAÑA	1:1	ALEMANIA
1.12.	JAPÓN	2:1	ESPAÑA
1.12.	COSTA RICA	2:4	ALEMANIA

PTS: JAPÓN 6, ESPAÑA 4, ALEMANIA 4, COSTA RICA 3

GRUPO F

FECHA	EQUIPO	RES.	EQUIPO
23.11.	MARRUECOS	0:0	CROACIA
23.11.	BÉLGICA	1:0	CANADÁ
27.11.	BÉLGICA	0:2	MARRUECOS
27.11.	CROACIA	4:1	CANADÁ
1.12.	CROACIA	0:0	BÉLGICA
1.12.	CANADÁ	1:2	MARRUECOS

PTS: MARRUECOS 7, CROACIA 5, BÉLGICA 4, CANADÁ 0

GRUPO G

FECHA	EQUIPO	RES.	EQUIPO
24.11.	SUIZA	1:0	CAMERÚN
24.11.	BRASIL	2:0	SERBIA
28.11.	CAMERÚN	3:3	SERBIA
28.11.	BRASIL	1:0	SUIZA
2.12.	CAMERÚN	1:0	BRASIL
2.12.	SERBIA	2:3	SUIZA

PTS: BRASIL 6, SUIZA 6, CAMERÚN 4, SERBIA 1

GRUPO H

FECHA	EQUIPO	RES.	EQUIPO
24.11.	URUGUAY	0:0	COREA DEL SUR
24.11.	PORTUGAL	3:2	GHANA
28.11.	COREA DEL SUR	2:3	GHANA
28.11.	PORTUGAL	2:0	URUGUAY
2.12.	COREA DEL SUR	2:1	PORTUGAL
2.12.	GHANA	0:2	URUGUAY

PTS: PORTUGAL 6, COREA DEL SUR 4, URUGUAY 4, GHANA 3

OCTAVOS DE FINAL

FECHA	EQUIPO	RES.	EQUIPO
3.12.	PAÍSES BAJOS	3:1	EE.UU.
3.12.	ARGENTINA	2:1	AUSTRALIA
4.12.	FRANCIA	3:1	POLONIA
4.12.	INGLATERRA	3:0	SENEGAL
5.12.	JAPÓN	1:1 T.S., 1:3 P.	CROACIA
5.12.	BRASIL	4:1	COREA D. SUR
6.12.	MARRUECOS	0:0 T.S., 3:0 P.	ESPAÑA
6.12.	PORTUGAL	6:1	SUIZA

CUARTOS DE FINAL

FECHA	EQUIPO	RES.	EQUIPO
9.12.	CROACIA	1:1 T.S., 4:2 P.	BRASIL
9.12.	PAÍSES BAJOS	2:2 T.S., 3:4 P.	ARGENTINA
10.12.	MARRUECOS	1:0	PORTUGAL
10.12.	INGLATERRA	1:2	FRANCIA

SEMIFINAL

FECHA	EQUIPO	RES.	EQUIPO
13.12.	ARGENTINA	3:0	CROACIA
14.12.	FRANCIA	2:0	MARRUECOS

3ER PUESTO

FECHA	EQUIPO	RES.	EQUIPO
17.12.	CROACIA	2:1	MARRUECOS

FINAL

FECHA	EQUIPO	RES.	EQUIPO
18.12.	ARGENTINA	3:3 T.S., 4:2 P.	FRANCIA

CAMPEÓN: ARGENTINA

ENTRADA DEL MUNDIAL 2022

PARTICIPANTES
32 (DE 209 NACIONES)

JUGADORES EN CAMPO
584

GOL MÁS RÁPIDO
68 SEGUNDOS: DAVIES
(CANADÁ–CROACIA)

GOLEADOR
BOTA DE ORO, 8 GOLES
KYLIAN MBAPPÉ (FRANCIA)
BOTA DE PLATA, 7 GOLES
LIONEL MESSI (ARGENTINA)
BOTA DE BRONCE, 4 GOLES
OLIVER GIROUD (FRANCIA)

MEJOR ARQUERO
EMILIANO MARTINEZ
(ARGENTINA)

MEJOR JUGADOR JOVEN
ENZO FERNÁNDEZ,
21 AÑOS (ARGENTINA)

PERIODO
20. 11. 2022–18. 12. 2022

PARTIDOS
64

MÁS VECES MAN OF THE MATCH
LIONEL MESSI (ARGENTINA)
5 VECES

PREMIO FAIR-PLAY
INGLATERRA

T. AMARILLA
224 (Ø: 3,5 POR PARTIDO)

T. AMARILLA-ROJA
3 (Ø: 0,05 POR PARTIDO)

T. ROJA
2 (Ø: 0,03 POR PARTIDO)

3 O MÁS GOLES EN UN PARTIDO
3 GOLES: KYLIAN MBAPPÉ (ARGENTINA-FRANCIA),
GONÇALO RAMOS (PORTUGAL-SUIZA)

ASISTENTES
3.404.252 (Ø: 53.191 POR PARTIDO)

GOLES
172 (Ø: 2,69 POR PARTIDO)

GOLES EN CONTRA
2

EQUIPO GOLEADOR
FRANCIA: 16 GOLES
EN 7 PARTIDOS

MEJOR JUGADOR
BALÓN DE ORO
LIONEL MESSI (ARGENTINA)
BALÓN DE PLATA
KYLIAN MBAPPÉ (FRANCIA)
BALÓN DE BRONCE
LUKA MODRIĆ (CROACIA)

PENALES
22: 17 CONVERTIDOS,
5 ERRADOS

EQUIPO IDEAL 2022

EL FÚTBOL UNE A LAS NACIONES

2026 EE.UU. CANADÁ MÉXICO

¡Comienza una nueva era en los Mundiales!
Por primera vez en la historia, una Copa del Mundo se juega en tres países: Estados Unidos, México y Canadá. Serán 16 ciudades, más de 40 estadios y una verdadera fiesta a lo largo de toda Norteamérica. Se viene el Mundial más grande de todos los tiempos, con 48 selecciones y 104 partidos. La FIFA promete un festival del fútbol, con más chances para las sorpresas, más emociones pero también con el riesgo de que la fase de grupos pierda algo de tensión.

El arranque será especial porque el 11 de junio el Estadio Azteca de la Ciudad de México, escenario del tercer título de Pelé en 1970 y de la coronación de Diego Maradona en 1986, será -por tercera vez- la sede del encuentro inaugural. Para el cierre, el 19 de julio, todas las miradas estarán puestas en el MetLife Stadium de Nueva Jersey, donde 80.000 espectadores conocerán de primera mano quién será el nuevo campeón.

En el foco volverán a estar los grandes nombres: Lionel Messi, campeón en 2022 y leyenda de Argentina, buscará escribir otra página dorada en lo que será su sexta Copa del Mundo (récord absoluto). Kylian Mbappé, héroe de 2018 y de la final pasada, irá por la revancha. Erling Haaland, a fuerza de goles, intentará devolver a Noruega al gran escenario. Brasil apuesta por Vinícius Jr. y un DT italiano, mientras que Alemania confía en la su camada de jóvenes para dejar atrás los fracasos de 2018 y 2022. ¿Cristiano Ronaldo jugará a los 41? Su espíritu competitivo y su físico privilegiado dejan abierta la posibilidad. Mientras tanto, otras selecciones quieren escribir su propia historia, como España, campeón de Europa 2025, Costa de Marfil, campeón 2024 de África o Marruecos, semifinalista en 2022.

Estados Unidos sueña con hacer un gran papel jugando en casa, y México y Canadá buscan sorprender ante su gente. Tal vez haya lugar para que otro seleccionado logre la hazaña que alguna vez hicieron Croacia, Islandia, Uruguay o Camerún, y así ganarse el corazón de los aficionados.

Una cosa es segura: 2026 no será sólo un Mundial sino un evento global XXL. Un torneo lleno de promesas, emociones y nuevas historias. ¿Quién se coronará? ¡Que ruede la pelota!

CRACKS DEL MUNDIAL 2026

CUANDO EL MUNDIAL SE
CONVIERTE EN EL ESCENARIO
DE LOS SUEÑOS

ONEL MESSI (ARGENTINA)

KYLIAN MBAPPÉ (FRANCIA)

ACHRAF HAKIMI (MARRUECOS)

THOMAS PARTEY (GHANA)

AJDIN HRUSTIC (AUSTR

GIANLUIGI DONNARUMMA (ITALIA)

NEYMAR JR. (BRASIL)

ERLING HAALAND (NORUEGA)

KEYLOR NAVAS (COSTA RICA)

ALPHONSO DAVIES (CANADÁ)

CHRISTIAN PULISIC (EE.UU.)

HIRVING LOZANO (MÉXICO)

MEHDI TAREMI (IRÁN)

MEMPHIS DEPAY (PAÍSES BAJOS)

YANN SOMMER (SUIZA)

HARRY KANE (INGLATERRA)

LAMINE YAMAL (ESPAÑA)

KEVIN DE BRUYNE (BELGICA)

KARL TOKO EKAMBI (CAMERÚN)

ALI MAALOUL (TÚNEZ)

CHRISTIAN ERIKSEN (DINAMARCA)

KAORU MITOMA (JAPÓN)

ROBERT LEWANDOWSKI (POLONIA)

CRISTIANO RONALDO (PORTUGAL)

ENNER VALENCIA (ECUADOR)

LUKA MODRIĆ (CROACIA)

MOHAMED SALAH (EGIPTO)

SON HEUNG-MIN (COREA DEL SUR)

MANUEL NEUER (ALEMANIA)

2026

11 DE JUNIO – 19 DE JULIO 2026

48 SELECCIONES

104 PARTIDOS

2026 WORLD CUP
UNITED STATES CANADA MÉXICO

GRUPO A

EST.	FECHA/PART.		EQUIPO	
1.	11.06.	1	MÉXICO	SUDÁFRICA
3.	11.06.	2	COREA DEL SUR	A4
13.	18.06.	25	A4	SUDÁFRICA
3.	18.06.	28	MÉXICO	COREA DEL SUR
1.	24.06.	53	A4	MÉXICO
2.	24.06.	54	SUDÁFRICA	COREA DEL SUR

*

GRUPO B

EST.	FECHA/PART.		EQUIPO	
14.	12.06.	3	CANADÁ	B2
5.	13.06.	8	QATAR	SUIZA
4.	18.06.	26	SUIZA	B2
15.	18.06.	27	CANADÁ	QATAR
15.	24.06.	51	SUIZA	CANADÁ
6.	24.06.	52	B2	QATAR

*

GRUPO C

EST.	FECHA/PART.		EQUIPO	
7.	13.06.	7	BRASIL	MARRUECOS
8.	13.06.	5	HAITÍ	ESCOCIA
9.	19.06.	29	BRASIL	HAITÍ
8.	19.06.	30	ESCOCIA	MARRUECOS
16.	24.06.	49	ESCOCIA	BRASIL
13.	24.06.	50	MARRUECOS	HAITÍ

GRUPO D

EST.	FECHA/PART.		EQUIPO	
4.	12.06.	4	EE.UU.	PARAGUAY
15.	13.06.	6	AUSTRALIA	D4
5.	19.06.	31	D4	PARAGUAY
6.	19.06.	32	EE.UU.	AUSTRALIA
4.	25.06.	59	D4	EE.UU.
5.	25.06.	60	PARAGUAY	AUSTRALIA

*

GRUPO E

EST.	FECHA/PART.		EQUIPO	
11.	14.06.	10	ALEMANIA	CURAZ
9.	14.06.	9	COSTA DE MARFIL	ECUAD
14.	20.06.	33	ALEMANIA	COSTA DE MAR
10.	20.06.	34	ECUADOR	CURAZ
7.	25.06.	56	ECUADOR	ALEMAN
9.	25.06.	55	CURAZAO	COSTA DE MAR

GRUPO F

EST.	FECHA/PART.		EQUIPO	
12.	14.06.	11	PAÍSES BAJOS	JAP
2.	14.06.	12	F3	TÚN
11.	20.06.	35	PAÍSES BAJOS	
2.	20.06.	36	TÚNEZ	JAP
10.	25.06.	58	TÚNEZ	PAÍSES BAJ
12.	25.06.	57	JAPÓN	

*

GRUPO G

EST.	FECHA/PART.		EQUIPO	
6.	15.06.	16	BÉLGICA	EGIP
4.	15.06.	15	IRÁN	NUEVA ZELAN
4.	21.06.	39	BÉLGICA	IR
15.	21.06.	40	NUEVA ZELANDA	EGIP
15.	26.06.	64	NUEVA ZELANDA	BÉLGI
6.	26.06.	63	EGIPTO	IR

GRUPO H

EST.	FECHA/PART.		EQUIPO	
13.	15.06.	14	ESPAÑA	CABO VER
16.	15.06.	13	ARABIA SAUDITA	URUGU
13.	21.06.	38	ESPAÑA	ARABIA SAUD
16.	21.06.	37	URUGUAY	CABO VER
3.	26.06.	66	URUGUAY	ESPA
11.	26.06.	65	CABO VERDE	ARABIA SAUD

* A4: GANADOR RUTA D UEFA, D4: GANADOR RUTA C UEFA, F3: GANADOR RUTA B UE
I3: GANADOR REPESCA LLAVE B, K2: GANADOR REPESCA LLAV

GRUPO I

EST.	FECHA / PART.		EQUIPO	
7.	16.06.	17	FRANCIA	SENEGAL
8.	16.06.	18	I3	NORUEGA
9.	22.06.	42	FRANCIA	I3
7.	22.06.	41	NORUEGA	SENEGAL
8.	26.06.	61	NORUEGA	FRANCIA
14.	26.06.	62	SENEGAL	I3

*

GRUPO J

EST.	FECHA / PART.		EQUIPO	
10.	16.06.	19	ARGENTINA	ARGELIA
5.	16.06.	20	AUSTRIA	JORDANIA
12.	22.06.	43	ARGENTINA	AUSTRIA
5.	22.06.	44	JORDANIA	ARGELIA
12.	27.06	70	JORDANIA	ARGENTINA
10.	27.06	69	ARGELIA	AUSTRIA

GRUPO K

EST.	FECHA / PART.		EQUIPO	
11.	17.06.	23	PORTUGAL	K2
1.	17.06.	24	UZBEKISTÁN	COLOMBIA
11.	23.06.	47	PORTUGAL	UZBEKISTÁN
3.	23.06.	48	COLOMBIA	K2
16.	27.06.	71	COLOMBIA	PORTUGAL
13.	27.06.	72	K2	UZBEKISTÁN

*

GRUPO L

EST.	FECHA / PART.		EQUIPO	
12.	17.06.	22	INGLATERRA	CROACIA
14.	17.06.	21	GHANA	PANAMÁ
8.	23.06.	45	INGLATERRA	GHANA
14.	23.06.	46	PANAMÁ	CROACIA
7.	27.06	67	PANAMÁ	INGLATERRA
9.	27.06	68	CROACIA	GHANA

DIECISEISAVOS DE FINAL

EST.	FECHA / PART.		EQUIPO	
8.	29.06.	74	E1	ABCDF3
7.	30.06.	77	I1	CDFGH3
4.	28.06.	73	A2	B2
2.	29.06.	75	F1	C2
14.	02.07.	83	K2	L2
4.	02.07.	84	H1	J2

5.	01.07.	81	D1	BEFIJ3
6.	01.07.	82	G1	AEHIJ3
11.	29.06.	76	C1	F2
12.	30.06.	78	E2	I2
1.	30.06.	79	A1	CEFHI3
13.	01.07.	80	L1	EHIJK3

16.	03.07.	86	J1	H2
12.	03.07.	88	D2	G2
15.	02.07.	85	B1	EFGIJ3
10.	03.07.	87	K1	DEIJL3

ESTADIO:

1. ESTADIO AZTECA CIUDAD DE MÉXICO
2. ESTADIO MONTERREY
3. ESTADIO GUADALAJARA
4. LOS ANGELES STADIUM
5. SAN FRANCISCO BAY AREA STADIUM
6. SEATTLE STADIUM
7. NEW YORK NEW JERSEY STADIUM
8. BOSTON STADIUM
9. PHILADELPHIA STADIUM
10. KANSAS CITY STADIUM
11. HOUSTON STADIUM
12. DALLAS STADIUM
13. ATLANTA STADIUM
14. TORONTO STADIUM
15. BC PLACE VANCOUVER
16. MIAMI STADIUM

ACZEL

RUMBO A LA COPA

OCTAVOS DE FINAL

- G74 – G77 · 30.06. · PART. 89 · PHILADELPHIA
- G73 – G75 · 30.06. · PART. 90 · HOUSTON
- G76 – G78 · 03.07. · PART. 91 · NEW YORK
- G79 – G80 · 03.07. · PART. 92 · MEXICO CITY
- G83 – G84 · 01.07. · PART. 93 · DALLAS
- G81 – G82 · 01.07. · PART. 94 · SEATTLE
- G86 – G88 · 02.07. · PART. 95 · ATLANTA
- G85 – G87 · 02.07. · PART. 96 · VANCOUVER

CUARTOS DE FINAL

- G89 – G90 · 09.07. · PART. 97 · BOSTON
- G91 – G92 · 11.07. · PART. 98 · MIAMI
- G93 – G94 · 10.07. · PART. 99 · LOS ANGELES
- G95 – G96 · 11.07. · PART. 100 · KANSAS CITY

SEMIFINAL

- G97 – G98 · 14.07. · PART. 101 · DALLAS
- G99 – G100 · 15.07. · PART. 102 · ATLANTA

FINAL

G101 – G102 · 19.07. · PART. 104 · NEW YORK

3ER PUESTO

P101 – P102 · 14.07. · PART. 103 · MIAMI

LOS MUNDIALES EN RESUMEN

LOS CAMPEONES
BRASIL: 5
ALEMANIA: 4
ITALIA: 4
ARGENTINA: 3
URUGUAY: 2
FRANCIA: 2
INGLATERRA, ESPAÑA: 1

MÁS FINALES JUGADAS
ALEMANIA: 8
BRASIL: 7
ITALIA: 6
ARGENTINA: 6
PAÍSES BAJOS Y FRANCIA: 3

GOLEADOR
KLOSE: 16
RONALDO: 15
GERD MÜLLER: 14
FONTAINE, MESSI: 13
MBAPPÉ, PELÉ: 12
KLINSMANN, KOCSIS: 11

MÁS PARTIDOS MUNDIALISTAS
BRASIL: 114
ALEMANIA: 112
ARGENTINA: 88
ITALIA: 83
INGLATERRA: 74
ESPAÑA: 67

MAYOR GOLEADA
HUNGRÍA– EL SALVADOR
10:1 (1982)

EL PARTIDO DE LOS RÉCORDS: 2014, BRASIL–ALEMANIA 1:7
- MÁS GOLES EN POCO TIEMPO (4 GOLES EN 6 MINUTOS)
- DOBLETE MÁS RÁPIDO: TONI KROOS 2 GOLES EN 69 SEGUNDOS
- CINCO GOLES PARA UN EQUIPO EN LOS PRIMEROS 29 MINUTOS
- MAYOR DERROTA EN UNA SEMIFINAL, PARA UN ANFITRIÓN Y PARA BRASIL
- MAYOR VICTORIA DEL MUNDIAL 2014
- LLEGAR A LA OCTAVA FINAL

MIROSLAV KLOSE:
- PRIMER JUGADOR EN JUGAR 4 SEMIFINALES
- GOLEADOR DE TODOS LOS TIEMPOS CON 16 GOLES (CONVIRTIÓ EL 0:2.)

RÉCORDS MEDIALES:
- 35,6 MILLONES DE TWEETS, DESPUÉS DEL 0:5, 6700 POR SEGUNDO
- 32,57 MILLONES DE TELEVIDENTES EN ALEMANIA
- 200 MILLONES DE POSTS EN FACEBOOK

MESSI: MÁS PARTIDOS COMO CAPITÁN: 19
ES EL ÚNICO JUGADOR EN DAR UNA ASISTENCIA EN CINCO CAMPEONATOS DEL MUNDO

PELÉ: GOLEADOR MÁS JOVEN: 17 AÑOS, 1958
CAMPEÓN MÁS JOVEN: 17 AÑOS, 1958
MÁS TÍTULOS MUNDIALES: 3 (1958, 1962, 1970)

MARADONA:
GOL DEL SIGLO: MUNDIAL 1986.
MANO DE DIOS: MUNDIAL 1986
RECIBIÓ LA MAYORÍA DE VOTOS PARA EL EQUIPO DE TODOS LOS TIEMPOS

JUGADOR CON MÁS PARTIDOS JUGADOS

	JUGADOR	PAÍS	MUNDIAL	PART.
1.	LIONEL MESSI	ARGENTINA	2006, 2010, 2014, 2018, 2022	26
2.	LOTHAR MATTHÄUS	ALEMANIA	1982, 1986, 1990, 1994, 1998	25
3.	MIROSLAV KLOSE	ALEMANIA	2002, 2006, 2010, 2014	24
4.	PAOLO MALDINI	ITALIA	1990, 1994, 1998, 2002	23
5.	DIEGO MARADONA	ARGENTINA	1982, 1986, 1990, 1994	21
	UWE SEELER	ALEMANIA	1958, 1962, 1966, 1970	21
	WLADYSLAW ZMUDA	POLONIA	1974, 1978, 1982, 1986	21
8.	CAFU	BRASIL	1994, 1998, 2002, 2006	20
	PHILIPP LAHM	ALEMANIA	2006, 2010, 2014	20
	B. SCHWEINSTEIGER	ALEMANIA	2006, 2010, 2014	20
	GRZEGORZ LATO	POLONIA	1974, 1978, 1982	20

PAÍSES CON MÁS DEFINICIONES POR PENALES GANADAS

	PAÍS	VECES	GANADAS	PERDIDAS
1.	ARGENTINA	7	1990 (CF Y SF) 1998 (OF) 2014 (SF) 2022 (CF UND F)	2006 (CF)
2.	ALEMANIA	4	1982 (SF) 1986 (CF) 1990 (SF) 2006 (CF)	-
3.	CROACIA	4	2018 (OF Y CF) 2022 (OF Y CF)	-
4.	BRASIL	5	1994 (F), 1998 (SF) 2014 (OF)	1986 (CF), 2022 (CF)

PARTICIPANTES
79

PERIODO
13. 07. 1930 – 18. 12. 2022

ASISTENTES
40.532.478

JUGADORES EN CAMPO
7.781

GOLES
2720
(Ø 2,82 POR PARTIDO)

GOLES EN CONTRA
54
(Ø 0,06 POR PARTIDO)

GOL MÁS RÁPIDO
2002: 11 SEGUNDOS HAKAN SÜKÜR
(TURQUÍA–COREA DEL SUR)

EQUIPO GOLEADOR
BRASIL CON
237 GOLES EN 114 PARTIDOS
(Ø 2,07 POR PARTIDO)

TOP-SCHOCKMOMENT
ZIDANE VS. MATERAZZI (2006)

PARTIDOS
964

PENALES
227: 185 CONVERTIDOS,
42 ERRADOS/ATAJADOS

T. AMARILLA
2.303 (Ø 2,55 POR PARTIDO)

T. AMARILLA /T. ROJA
47 (Ø 0,06 POR PARTIDO)

EXPULSIONES/T. ROJA
124 (Ø 0,13 POR PARTIDO)

MÁS DEFINICIONES POR PENALES PERDIDAS
INGLATERRA, ITALIA Y ESPAÑA (3 DE 4)

MÁS VETERANO EN UN MUNDIAL:
ESSAM EL-HADARY (EGIPTO) CON 45 AÑOS Y 161 DÍAS (RUSIA 2018)

MÁS TARJETAS ROJAS:
2: RIGOBERT SONG (CAMERÚN) Y ZINEDINE ZIDANE (FRANCIA)

MÁS PARTICIPACIONES: 20, BRASIL

MÁS TRIUNFOS: 70, BRASIL

MÁS TRIUNFOS (JUGADOR): 17, MIROSLAV KLOSE (ALEMANIA, 2002–2014)

MÁS MINUTOS EN CAMPO DE JUEGO (JUGADOR): 2.314 MINUTOS,
LIONEL MESSI (ARGENTINA, 2006–2022)

MAYOR PROMEDIO DE GOL (MUNDIAL)
SUIZA 1954: 140 GOLES EN 26 PARTIDOS, 5,38 GOLES DE PROMEDIO

MENOR PROMEDIO DE GOL (MUNDIAL)
ITALIA 1990: 115 EN 52 PARTIDOS, 2,21 GOLES DE PROMEDIO

MÁS GOLES EN UN MUNDIAL (EQUIPO):
HUNGRÍA 1954 (27 EN 5 PARTIDOS; 5,4 POR PARTIDO)

MÁS GOLES EN UN MUNDIAL (JUGADOR):
JUST FONTAINE 1958 (FRANCIA, 13 GOLES EN 6 PARTIDOS)

MÁS VETERANO EN MARCAR EN UN MUNDIAL
ROGER MILLA (CAMERÚN) CON 42 AÑOS Y 39 DÍAS ANTE RUSIA (EE.UU. 1994)

MÁS GOLES EN UN PARTIDO (JUGADOR):
5, OLEG SALENKO (RUSIA, 1994, CONTRA CAMERÚN)

MÁS MUNDIALES COMO ENTRENADOR:
HELMUT SCHÖN (ALEMANIA, 1966–1978)

CAMPEÓN MÁS VIEJO (JUGADOR):
DINO ZOFF, 40 AÑOS (ITALIA, 1982)

PARTIDO CON MAYOR CANTIDAD DE GOLES:
12 (7:5 AUSTRIA–SUIZA, 1954)

GOL MÁS RAPIDO DESPUÉS DE UN CAMBIO:
EBBE SAND, 16 SEGUNDOS (DINAMARCA–NIGERIA, 1998)

EQUIPO IDEAL DE TODOS LOS TIEMPOS

EL AUTOR

Germán Aczel nació el 12 de febrero de 1974 en Buenos Aires, Argentina. Amante del fútbol, pasó sus días de escuela dibujando; los lunes, sus compañeros y profesores esperaban los goles de Boca Juniors ilustrados por él. A los 16 años ya publicaba en distintos medios argentinos.

Luego de ganar sus primeros premios, comenzó a trabajar en el diario *La Nación*, y poco después en la revista deportiva más importante, *El Gráfico*.

A los 20 tuvo su primera gran exposición y también representó a su país en distintas exposiciones internacionales. Después de vivir en Río de Janeiro, Brasil, y de trabajar para medios como *Jornal do Brasil* entre otros, viajó a Europa con el premio que había ganado en un concurso de caricaturistas en Dubai. En Munich, Alemania conoció -bailando tango- a quien se convertiría en su esposa y se quedó a vivir. Desarrolló su carrera en ese país donde dibujó para *BRAVO Sport*, *Bundesliga* y la revista inglesa *FourFourTwo*, entre otras.

Es autor del libro "World Cup 1930-2026", cuya primera versión se publicó en 2010 en nueve países como Inglaterra, Italia y Francia. Cuatro años después, se convirtió en best seller en Alemania, y en 2018 ocurrió lo propio en China. En 2022 publicó en Alemania el libro "Los mejores goles de todos los tiempos", el cual se agotó rápidamente y tuvo gran repercusión en la prensa germana. Le siguieron "Oooh, wie ist das schön!" (2024) y "Tor für Deutschland!" (2025), ambos dedicados a la Selección alemana.

Sus dibujos forman parte del Museo de la FIFA en Zúrich, Suiza, donde también se exhibe uno de sus originales. Para el mes del Mundial 2018 fue invitado por FIFA para dibujar los acontecimientos de la competencia como Artista en Residencia.

Para la Copa Asiática 2019 en Emiratos Árabes Unidos fue invitado por Abu Dhabi Media para diseñar la última página diaria del periódico Al-Ittihad. En 2022 participó de una exclusiva exposición en Vaduz, Liechtenstein dedicada a los Mejores goles de los Mundiales.

Aczel apoya a UNICEF, Homeless World Cup y promueve la integración deportiva de los refugiados. Actualmente reside con su esposa y cuatro hijos en Múnich, viaja periódicamente a Buenos Aires a visitar a sus padres, y participa de ferias de editores en todo el mundo.

¡DEDICADO A MIS HIJOS Y A TODOS LOS HINCHAS DEL FÚTBOL!

PIE DE IMPRENTA

Nueva edición revisada y complementada: 1ª edición 2026

Idea e ilustraciones: Germán Aczel

Texto : Chris Fritz y Germán Aczel

Diseño de portada: Germán Aczel

Edición y revisión general: Sergio Cutuli

Diseño y maquetación: Germán Aczel y
Groothuis. Gesellschaft der Ideen
und Passionen mbH, Hamburg | www.groothuis.de

Esta edición es publicada por Wonder House Books
Sello editorial de Prakash Books
wonderhousebooks.com

wonderhousebooks/
wonderhousebook
wonderhousebooks

Impreso en la China
ISBN 978-93-70891-40-1

Créditos del equipo de Wonder House:

Adquisición por: Payal Jaipuria, Executive Publisher

Equipo creativo
Manpreet Kaur, Tausif Ali Khan

FIFA